Poder, Sexo e Letras
na República Velha

Coleção ELOS
Dirigida por J. Guinsburg

Equipe de realização — Revisão: Alice Kyoko Miyashiro;
Produção: Plínio Martins Filho; Capa: A. Lizárraga.

Sergio Miceli
Poder, Sexo e Letras na República Velha

(estudo clínico dos anatolianos)

EDITORA PERSPECTIVA

Direitos reservados à
EDITORA PERSPECTIVA S.A.
Av. Brigadeiro Luís Antônio, 3025
01401 — São Paulo — Brasil
Telefone: 288-8388
1977

Para Sergio azul, Lygia, Marcelo, Alicinha, Andréa, Léo, Arakcy, Durand, Vanya, Esdras, Carmutti, Bolívar

e Maria Alice, que será que será

SUMÁRIO

NOTA DO AUTOR 9

1. Elementos para leitura do quadro 21
2. Os "parentes pobres" 29
3. Tenentes e intelectuais 47
4. Doença e carreira masculina interrompida 51
5. O trabalho político do pai 61
6. Imprensa e polígrafos 69
7. Dupla dependência e posição interna 79
8. Galomania 85

NOTA DO AUTOR

Este texto foi publicado originalmente na revista *Actes de la recherche en sciences sociales,* n. 5-6, novembro de 1975. Nesta oportunidade, quero transmitir meu reconhecimento à equipe do Centre de Sociologie Européenne, em especial a Pierre Bourdieu, Monique de Saint-Martin, Luc Bolretanski e Claude Grignon, pelas leituras sucessivas, pelas críticas e sugestões e por tudo o mais que por mim fizeram durante minha estada em Paris. De outro lado, este trabalho é parte de uma pesquisa ampla sobre os intelectuais no Brasil e suas relações com o aparelho do Estado, que recebeu um generoso financiamento do Centro de Pesquisas e Publicações da Fundação Getúlio Vargas de São Paulo. Meus melhores agradecimentos à Fundação Getúlio Vargas, que continua até hoje a me prestar seu apoio material e institucional, bem como à equipe de pesquisadores — Paulo Lolatto, Rudolf Caio Petersen, Antônio Carlos Sachs, Afrânio M. Cattani, Ronaldo Bianchi e Regina Reiss — que me proporcionaram muitas das condições objetivas e subjetivas para levar à frente esta investigação.

> *"Os protetores são os piores tiranos"*
> (Lima Barreto)

Este texto examina a trajetória social de uma categoria de letrados atuantes no período da República Velha (1889-1930) no Brasil. Este período — situado entre o desaparecimento da geração de 1870[1], por volta de 1908/1910 aproximadamente, anos da morte de Machado de Assis e Joaquim Nabuco, e a eclosão do

---

1. Trata-se de um grupo de letrados e políticos que introduziram o Realismo, o Naturalismo, o Parnasianismo, e cujas figuras mais consagradas — a começar por Machado de Assis, "o primeiro e o mais acabado modelo do homem de letras autêntico" — passaram a constituir os paradigmas da produção intelectual no país; controlavam as principais instâncias de consagração como as principais editoras — Livrarias Garnier, Laemmert e Francisco Alves, por intermédio das quais foram lançados alguns de seus protegidos — e a Academia Brasileira de Letras que eles mesmos fundaram em 1897; também monopolizavam o acesso às sinecuras mais importantes e, em especial, às prebendas distribuídas aos integrantes do grupo de intelectuais que girava em torno de Rio Branco no Itamaraty. Ver, em especial, a obra de Brito Broca, *A vida literária no Brasil/1900*, Rio de Janeiro, Ministério da Educação e Cultura, 1956.

movimento modernista em 1922[2] — constitui aos olhos dos historiadores e críticos literários uma espécie de *intermezzo* que designam como o *pré-modernismo*. A história literária adotou tal expressão com vistas a englobar um conjunto de letrados que, segundo os princípios impostos pela "ruptura" levada a cabo pelos modernistas, se colocariam fora da linhagem estética que a vitória política do Modernismo entronizou como dominante. Afora algumas exceções que certas capelas literárias acharam por bem recuperar recentemente, dando-lhes o *status* de precursores isolados de uma tradição estética que a "vanguarda" modernista teria restaurado — gente como Augusto dos Anjos, José Albano, Adelino Magalhães, aos quais críticos tidos por "menores" acrescentaram Monteiro Lobato, Raul de Leoni, e alguns heterodoxos,

2. O movimento modernista de 1922 constituiu, de fato, uma ruptura política no campo intelectual brasileiro. Tendo surgido num momento de crise da hegemonia oligárquica, sua compreensão exige a referência à formação de um estado-maior intelectual da burguesia paulista, estando estreitamente ligado às cisões internas dessa classe social. Não é por mera coincidência que o movimento modernista aparece no mesmo ano em que eclode a insurreição dos escalões médios militares, os tenentes, em que sucede a reorganização política da Igreja com a fundação do Centro Dom Vital e da revista *A Ordem* — núcleos de mobilização da intelectualidade leiga —, e em que se funda o Partido Comunista Brasileiro. Embora tenha surgido em reação aos epígonos do Parnasianismo e, em medida menor, ao Simbolismo, que na verdade jamais conseguiu firmar-se no campo literário, o alcance político do movimento modernista não se esgota de modo algum pela análise dos padrões formais de "criação" que introduziu e impôs como dominantes.

até mesmo Lima Barreto, segundo as conveniências conjunturais das lutas no campo —, os demais passaram à vala comum sem direito a nome próprio. Encontram-se, pois, privados do aparato de celebração com que hoje se cultua o panteão modernista cujo legado subsiste como a fonte máxima de autoridade estética.

O termo *pré-modernismo* constituiu um recurso político dos modernistas com o qual dataram os detentores da autoridade intelectual nos anos vinte: seriam os epígonos das escolas dominantes no final do século XIX, os deserdados das grandes causas políticas — como por exemplo, a Independência para os românticos, o Abolicionismo e o movimento republicano para a geração naturalista —, os importadores otimistas das escolas européias periféricas ao Simbolismo, os descristianizados. Também se conseguiu eufemizar o fato de que a maioria dos autores da primeira geração modernista havia estreado em plena República Velha, alguns bem antes de 1922: escritores como Ronald de Carvalho, Manuel Bandeira, Cassiano Ricardo, Menotti del Picchia, Ribeiro Couto, Oswald de Andrade e outros que, em geral por razões extraliterárias, tiveram condições para reconverter sua trajetória intelectual na direção do Modernismo.

Ao invés de ser uma fase de estagnação da atividade literária, "uma fase de repouso, de empobrecimento, de esterilidade em nossas letras", nos termos da concepção corrente hoje, nessa fase se desenvolveram as condições sociais favoráveis à profissionalização do trabalho intelectual, especialmente em sua forma literária, e à constituição de um campo intelectual relativamente autônomo, em conseqüência das exigências postas pela diferenciação e sofisticação do trabalho de dominação.

Expurgar esse momento de expansão do campo intelectual no Brasil, relegar os produtores da época tachando-os de "subliteratos", tratar suas obras segundo critérios elaborados em estados posteriores do campo, em suma transformá-los numa espécie de lixo ideológico, como o fazem certas correntes que não obstante não têm mais quase nada em comum, é o mesmo que desconhecer as condições sócio-históricas em meio das quais se constituiu o campo intelectual sob cuja vigência estamos vivendo. E o mais lamentável é o fato de que muitos desconhecem esses letrados invocando autores posteriores cujas obras manifestariam rupturas que só existem na cabeça e nos interesses, esses bem determinados, de grupos que agora se enfrentam pela monopolização da autoridade de legislar em matéria científica, acobertados por adesões meramente simbólicas a valores e programas políticos que nenhuma de suas práticas científicas ou políticas poderiam confirmar.

Não havendo, na República Velha, posições intelectuais relativamente autonomizadas em relação ao poder político, o recrutamento, as trajetórias possíveis, os mecanismos de consagração, bem como as demais condições necessárias à produção intelectual sob suas diferentes modalidades, vão depender quase que inteiramente das instituições e dos grupos que exercem o trabalho de dominação. Em termos concretos, toda a vida intelectual era dominada pela grande imprensa que constituía a principal instância de produção cultural da época e que fornecia a maioria das gratificações e posições intelectuais. Os escritores profissionais viam-se forçados a ajustar-se aos gêneros que vinham de ser importados da imprensa francesa: a reportagem, a entrevista, o inquérito literário e, em especial, a crônica.

O estudo do campo intelectual brasileiro em seu período de formação constitui uma ocasião privilegiada de compreender as modalidades com que a produção literária contribui para o trabalho de dominação, contribuição que assume formas mais complexas e dissimuladas num campo intelectual dotado de maior autonomização relativa. De outro lado, tal estudo permite captar alguns dos determinantes sociais da atividade intelectual que muitas vezes passam despercebidos num campo intelectual com maior autonomia relativa, dispondo de aparelhos de celebração cuja função básica consiste em encobrir as condições sociais que presidem à produção e à recepção das obras.

A seleção dos autores para este estudo foi praticamente determinada pela existência de *memórias* publicadas e, em medida menor, pelo recurso a *biografias*. Os riscos em que tal procedimento poderia incorrer ficam bastante minimizados quando se levam em conta as propriedades sociais dos memorialistas e dos autores cujo processo de consagração incluiu a reverência biográfica. Na verdade, esses tipos de materiais fornecem dados e informações a respeito de categorias de escritores que ocupam momentaneamente posições diferentes no campo. Enquanto as biografias são dedicadas, via de regra, aos autores que ocupavam uma posição dominante ainda vivos, ou então, àqueles autores que as lutas posteriores no campo acabaram convertendo em objetos de uma consagração póstuma, o gênero memórias constitui uma estratégia a que recorrem no mais das vezes intelectuais dominados. A não ser nos casos em que as memórias são escritas por intelectuais já consagrados, cuja trajetória se encontra em declínio, verifica-se que os intelectuais consagrados somente recorrem ao gênero em suas variantes mais idealizadas e eufemizadas, e ainda assim, via de regra, quando as circunstâncias numa dada conjuntura do campo lhes são desfavoráveis. Então, a infância constitui o único período de sua vida que consentem em evocar, pois tal período se presta mais a um tratamento eminentemente poético e, em conseqüência, facilita uma apreciação das memórias com base em critérios exclusivamente estéticos.

Entretanto, convém salientar que esses dois tipos de fontes fornecem informações diferentes. Se a celebração biográfica é uma maneira de reconstituir vidas exemplares num registro apologético, dissimulando-se os mecanismos reais que regem as trajetórias sociais e intelectuais, os memorialistas, por sua vez, não escondem o jogo de que participam, pois sua própria situação lhes faz enxergar melhor os móveis da luta de cujas gratificações mais importantes se vêem excluídos. Por esta razão, o investimento no gênero memórias é tanto maior e mais freqüente quanto mais baixo o grau de consagração relativa, fazendo com que o próprio produtor assuma ele mesmo o encargo de proceder, de maneira dissimulada, à sua própria consagração. Assim, os cálculos simbólicos desesperados que o investimento nesse gênero supõe são particularmente visíveis no caso dos produtores mais inseguros quanto à sua própria consagração e que acabam por adiar *post mortem* a data de publicação de suas memórias ou de parte delas, em geral a parte mais "íntima" e "secreta".

TRUNFOS, HANDICAPS E CARREIRAS

Escritores	Data e lugar de nascimento	Profissão do pai	Dilapidação social dos pais	Estigmas
Humberto de Campos Véras	1886/Miritiba (Maranhão)	Comerciante	Órfão de pai aos 6 anos	Mulato, feio.
Afonso Henriques de Lima Barreto	1881/Rio de Janeiro	Tipógrafo	Órfão de mãe aos 10 anos Pai louco aos 19 anos	Mulato, alcoólatra, cinações, intername
Jonathas Archanjo da Silveira Serrano	1885/Rio de Janeiro	Capitão-de-mar-e-guerra Senador	Órfão de pais aos 7 anos	Doentio, frágil.
Hermes Floro Bartolomeu Martins de Araújo Fontes	1888/Sergipe	Lavrador e Oficial da Guarda Nacional	Órfão de mãe	Mulato, surdo, feio.
Vivaldo Coaracy	1882/Rio de Janeiro	Jornalista, Dramaturgo, Tradutor, Crítico Teatral	Órfão de pai e mãe aos 10 anos	Nenhum.
Manuel Carneiro de Souza Bandeira	1886/Recife (Pernambuco)	Engenheiro		Tuberculoso aos anos.
Paulo Setúbal	1893/Tatuí (São Paulo)	Comerciante	Órfão de pai aos 4 anos	Tuberculoso aos anos.
Gilberto de Lima Azevedo Souza Ferreira Amado de Faria	1887/Estância (Sergipe)	Comerciante	Falência econômica do pai.	Gago.
José Maria Bello	1885/Barreiros (Pernambuco)	Senhor de engenho	Falência econômica do pai.	Doentio, frágil.
Tenentes				
Agildo da Gama Barata Ribeiro	Rio de Janeiro	Tenente da Marinha Imperial; engenheiro naval.	Órfão de pai aos 7 meses e de mãe aos 13 anos.	Nenhum.
Juarez Nascimento Fernandez Távora	1898/Jaguaribe-Mirim (Ceará)	Pequeno proprietário de terras.		Nenhum.
João Alberto Lins de Barros	Recife (Pernambuco)	Professor secundário de matemática.		Nenhum.
Luís Carlos Prestes	Porto Alegre (R. G. do Sul)	Militar de carreira (capitão-engenheiro)	Falência material; órfão de pai	Nenhum

tão do capital relações sociais	Posição na fratria e carreiras dos irmãos	Curso Superior	Carreira	Tipo de Produção
alho de costura da	Primogênito do segundo casamento do pai; único filho homem.	Sem diploma superior.	Balconista de armazém, *jornalista*, em Belém e no Rio, deputado, funcionário público.	*Crônicas*, poesia, contos, crítica literária, folhetins, comentários políticos, humor, memórias.
drinho ministro.	Primogênito de 4 filhos; 1 irmão guarda-civil, 1 irmão condutor de bondes.	Engenharia, interrompido no último ano.	Pequeno funcionário na Secretaria da Guerra, *jornalista*, professor particular.	*romances*, contos, folhetim, crônicas, escritos políticos.
	Filho único.	Direito.	Professor de Escola Normal, *professor universitário*, diretor de escola normal, diretor de diversas organizações católicas, cargos públicos.	*Manuais de história*, direito, poesia, ensaios, romances, biografias, obras de proselitismo católico.
nho senador.	12.º filho numa prole de 15 irmãos-oficial, músico, pequeno funcionário, etc.	Sem diploma superior.	Pequeno funcionário dos Correios, jornalista *poeta*.	*Poesia*, crônicas, letras de canções, anúncios.
professor na a Politécnica.	Filho único.	(Escola Militar) Eletrotécnica	Jornalista, prof. particular, prof. no curso de eletrotécnica, engenheiro, gerente em empresa privada, *jornalista*.	Romances, *escritos políticos*, obras técnicas, históricas, memórias.
	Primogênito de três filhos.	Arquitetura; interrompido no primeiro ano.	Viveu de rendas familiares e de pequenos trabalhos e encomendas literárias, prof. universitário, funções públicas.	*Poesia*, crítica, antologias, manuais de história literária, traduções.
alho de costura da	2.º filho homem; irmão advogado.	Direito.	Prof. secundário num seminário e numa escola Comercial, promotor público, *escritório de advocacia*.	*romances históricos*, poesia, teatro, ensaios cívicos.
refeito da cidade e oro militante de facção oligárquica.	Primogênito de 14 filhos, irmãos médicos, advogados, professores, funcionários.	Farmácia, Direito.	Jornalista, prof. de Direito Comercial em Recife, Jornalista Político no Rio, Deputado Federal, Senador, Diplomata.	*Ensaios sociais e políticos*, romances, poesia, crônicas, *memórias*, discursos.
membro militante ma facção oligár-	Primogênito de 10 filhos.	Direito.	Funcionário na Biblioteca Nacional redator de debates na Assembléia Nacional, *jornalista político*, alto funcionário, *Deputado*, Governador eleito.	Crítica literária, ensaios sociais, romances, *obras históricas*, direito.
particulares e ou- "bicos" da mãe; au- do meio-irmão e nho médico.	2.º filho do segundo casamento do pai (5 meio-irmãos).	Escolas militares do Rio Grande do Sul e do Rio de Janeiro	Militar.	Memórias.
	Caçula de 15 filhos; irmãos, engenheiro, etc. capitão médico, funcionário dos Correios.	Escola Politécnica, interrompida; Escola Militar do Rio de Janeiro.	Militar, "vice-rei" do Nordeste no início do período Vargas. (Mais tarde, ministro e candidato à presidência da República.)	Escritos políticos e econômicos, memórias.
	3.º filho do segundo casamento do pai (5 meio-irmãos e 5 irmãos).	Escola Politécnica interrompida; Escola Militar do Rio de Janeiro.	Militar, interventor de São Paulo durante o período Vargas, etc.	Memórias.
= professora ária	Único filho homem; 4 irmãos	Escola militar do Realengo	Militar, militante político (PCB)	Escritos políticos

FONTES DO QUADRO

1) Memórias

HUMBERTO DE CAMPOS, *Memórias*, 1.ª parte, Rio de Janeiro, Livraria Editora Marisa, 1933; HUMBERTO DE CAMPOS, *Memórias inacabadas*, Rio de Janeiro, José Olympio, 1935; HUMBERTO DE CAMPOS, *Diário secreto*, 2 v., Rio de Janeiro, Ed. O Cruzeiro, 1954; LIMA BARRETO, *Diário íntimo*, 2. ed. São Paulo, Brasiliense, 1961; VIVALDO COARACY, *Todos contam sua vida (memórias da infância e adolescência)*, Rio de Janeiro, José Olympio, 1959; VIVALDO COARACY, *Encontros com a vida*, Rio de Janeiro, José Olimpyo, 1962; MANUEL BANDEIRA, *Itinerário de Pasárgada*, Rio de Janeiro, Livraria São José, 1957; PAULO SETÚBAL, *Confiteor*, São Paulo, Companhia Editora Nacional, 1937; GILBERTO AMADO, *História da minha infância*, Rio de Janeiro, José Olympio, 1954; GILBERTO AMADO *Minha formação no Recife*, Rio de Janeiro, José Olympio, 1955; GILBERTO AMADO, *Mocidade no Rio e primeira viagem a Europa*, Rio de Janeiro, José Olympio, 1956; GILBERTO AMADO, *Presença na política*, 2. ed. Rio de Janeiro, José Olympio, 1960; GILBERTO AMADO, *Depois da política*, Rio de Janeiro, José Olympio, 1960; JOSÉ MARIA BELLO, *Memórias*, Rio de Janeiro, José Olympio 1958; AGILDO BARATA, *Vida de um revolucionário/memórias*, Rio de Janeiro, Ed. Melso, s.d.; JUAREZ TÁVORA, *Uma vida e muitas lutas/memórias* 1. *Da planície à borda do altiplano*, Rio de Janeiro, José Olympio, 1973; JOÃO ALBERTO LINS DE BARROS, *Memórias de um revolucionário/1. A marcha da coluna*, Rio de Janeiro, Civilização Brasileira, 1953.

2) Biografias

POVINA CAVALCANTI, *Hermes Fontes*, Rio de Janeiro, José Olympio, 1964; *Jonathas Serrano/In Memoriam*, diversos autores, Rio de Janeiro, Federação das Academias de Letras do Brasil, 1945; FRANCISCO DE ASSIS BARBOSA, *A vida de Lima Barreto (1881-1922)*, Rio de Janeiro, José Olympio, 1952; JORGE AMADO, *Vida de Luís Carlos Prestes/O Cavaleiro da Esperança*, 4. ed., São Paulo, Martins, 1945.

1. ELEMENTOS PARA LEITURA DO QUADRO

Afora o fato de que os letrados em questão são originários de famílias oligárquicas cuja situação material está em declínio e cujo único vínculo com as frações dirigentes é de parentesco ou de compadrio, o quadro das características pertinentes extraídas das biografias desses escritores revela duas séries de determinações, uma positiva e outra negativa: o ingresso nas carreiras intelectuais associa-se, de um lado, à posse de trunfos que resultam da posição na fratria ou na linhagem (como, por exemplo, o fato de ser filho único, de ser o primogênito, de ser o único filho homem, etc.), e, de outro lado, aos efeitos que provocam *handicaps* sociais (tais como a morte do pai, a falência material da família, etc.), biológicos (em especial, nos casos de tuberculose), ou, então, estigmas corporais (como, por exemplo, a surdez, a gagueira, etc.). Estas diferentes formas de mutilação social parecem substituíveis do ponto de vista dos efeitos que provocam sobre a trajetória social na medida em que todas elas tendem a bloquear o acesso às carreiras que orientam a ocupação das posições dominantes no âmbito das frações dirigentes e, por esta razão, determinam ainda que de maneira negativa uma orientação para a carreira de intelectual. A mudança de sentido da trajetória familiar destes "parentes pobres" da oligarquia ocorre na maioria dos casos durante a primeira infância, ou então, em alguns poucos casos, durante a adolescência dos futuros escritores. Em outros termos, o acesso à posição de escritor aparece, nesta conjuntura, como o produto de uma estratégia de reconversão que se impõe por força do desaparecimento do capital de que a família dispunha inicialmente, ou então, pela impossibilidade de herdar tal capital em toda sua extensão. Assim, o êxito maior ou menor desse gênero de estratégia depende da capacidade de utilizar a única espécie de capital disponível, a saber, o capital de relações sociais e de honorabilidade que, em certos casos e sob certas condições, os "parentes pobres" da oligarquia poderão acionar a seu favor.

Para aquelas famílias em declínio que ocupam uma posição em falso em virtude do desequilíbrio entre o capital material dilapidado e o capital social disponível, a única possibilidade de reconversão depende das possibilidades de fazer valer o capital de relações sociais — em especial, em conjunturas estratégicas como a educação dos filhos, a "escolha" dos cursos superiores, o casamento, a nomeação para cargos públicos, etc. — por ser o único com que ainda podem contar para escaparem a um rebaixamento social ainda maior. Não obstante, qualquer que seja a maneira com que tais famílias lancem mão da rede de prestações e contraprestações que tal espécie de capital lhes proporciona, tais estratégias não conseguem devolver a essas famílias sua posição social anterior. A prestação de diferentes tipos de serviços, desde o trabalho político do pai (apoio nas eleições, manipulação das eleições, etc.) até os mais diversos trabalhos femininos (a costura, as rendas, etc.), vai permitir apenas que os "parentes pobres" da oligarquia possam ocupar as novas posições criadas pela expansão do mercado de postos administrativos, políticos e culturais que, por sua vez, se encontra ligada à transformação e à consolidação do modo de dominação da oligarquia. Se as famílias de "parentes pobres" tiveram um êxito relativo em fazer valer seu capital social, tal se deve ao fato de que suas estratégias de reconversão coincidiram com um momento determinado de expansão do mercado de postos disponíveis que veio favorecer seus interesses. Vale dizer, a rentabilidade do capital de relações sociais depende, no limite, das exigências do trabalho de dominação — ou seja, de fatores externos à lógica interna do funcionamento deste mesmo capital — tendentes a encaixar os filhos dos "parentes pobres" nos postos que estavam sendo abertos e cujo acesso estava praticamente vedado aos agentes das demais classes.

Em face de uma mesma situação de declínio familiar, os "parentes pobres" poderão fazer valer seu capital de relações de maneiras diferentes: a manutenção na classe de origem mediante a reconversão às carreiras intelectuais se realiza, seja em virtude dos lucros obtidos pelo trabalho feminino (Humberto de Campos Véras, Paulo Setúbal, Jonathas Serrano), seja em virtude da proteção que podem propiciar substitutos do pai, tais como padrinhos e tutores (Vivaldo Coaracy, Afonso Henriques de Lima Barreto), seja em virtude dos rendimentos obtidos através do trabalho político do pai (Gilberto Amado, José Maria Bello). Finalmente, a reconversão referida pode também suceder em conseqüência da interrupção de uma carreira masculina provocada pela doença (Bandeira)[3]. De maneira geral, os estigmas corporais tendem

---

3. Este trabalho apresenta, sob forma provisória, um conjunto de hipóteses que foram estabelecidas progressivamente a partir do estudo comparativo de biografias construídas de escritores. Sem dúvida, a construção de um modelo coletivo com base na análise das variações das trajetórias individuais apresenta certos riscos que, em ampla medida, derivam dos limites impostos pelo material disponível. Em outros termos, a seleção dos casos para uma análise mais detida não consegue furtar-se inteiramente às leis que regem a produção intelectual, fazendo com que determinadas categorias de escritores tenham uma predisposição para escrever suas memórias, e outros para tornarem-se o objeto de um culto póstumo através de biografias. Ademais, não existem levantamentos estatísticos que permitam comparar as propriedades sociais dos escritores analisados à população total dos escritores brasileiros do período estudado, ou sequer a uma amostra representativa dessa população. Evidentemente, o número de casos compulsados é maior do que leva a crer o número dos casos arrolados no quadro. Todavia, se muitos escritores — como, por exemplo, Afrânio Peixoto, Adelino Magalhães, Mon-

a reforçar as disposições ("recusa" das carreiras mais gratificantes, interiorização de qualidades tais como a "sensibilidade") adquiridas no curso do processo de relegação mediante o qual os "parentes pobres" transmitem a seus filhos todas as espécies de *handicaps* ligados à sua posição social em falso.

Tais reconversões manifestam-se por deslocamentos no espaço da classe dirigente, cuja estrutura o próprio exame das trajetórias permite captar. As posições ocupadas neste espaço se hierarquizam em função do poder político ou econômico em que implicam, ou seja, em função da distância em relação à oligarquia, e, de outro lado, sem que os dois princípios de hierarquização sejam totalmente independentes, em função da predominância dos valores masculinos — associados ao poder — ou dos valores femininos. A carreira literária, socialmente definida como feminina, ocupa no espectro das carreiras dirigentes (do proprietário ao homem político) uma posição dominada, posição intermediária entre a carreira militar (a mais próxima do pólo masculino dominante, embora ocupando uma posição inferior no campo do poder) e a carreira eclesiástica que constitui o exemplo-limite da mais feminina das carreiras masculinas na

---

teiro Lobato, Martins Fontes, Agripino Grieco, Olegário Mariano, Raul de Leoni, Álvaro Moreyra, José Albano, etc. — não constam do quadro, tal se deve ao fato de que suas trajetórias não acrescentariam quaisquer elementos relevantes àquelas variantes que o quadro retém, isto é, seriam redundantes.

medida em que se define negativamente, ao nível dos agentes, pela ausência de propriedades que caracterizam as profissões viris (poder econômico, poder sexual, etc.).

A carreira eclesiástica constitui o exemplo mais acabado de um trabalho contaminado pela modalidade feminizada de incorporação do *habitus,* a começar pela própria batina que dissimula, ao nível do corpo, a perda simbólica dos atributos masculinos (perda assumida ou vivida como "vocação", "entrega", "casamento com Deus", como se pode perceber a partir do léxico matrimonial e erótico que metaforiza a vida dos santos). Pode-se perceber com nitidez tal processo através da ideologia da vocação descrita em termos de um desprendimento das "servidões" temporais, como o casamento, a família, etc. Deste ângulo, a oposição entre a feminilidade relativa da carreira eclesiástica e a virilidade declarada da carreira militar é muito menos pertinente do que à primeira vista possa parecer: o convento está para o quartel assim como a graça está para a força. Para explicar esta oposição, conviria descrever os ritos que tanto o convento como o quartel impõem aos agentes que recrutam, fazendo com que interiorizem pela manipulação do corpo a ruptura radical com o meio de origem e com o "mundo", o que não é outra coisa senão uma maneira de separar do mundo social tanto os agentes como as instituições. A batina e a censura que ela impinge ao corpo em favor do exercício espiritual e das faculdades de devoção e de piedade, são homólogas da farda e das proibições e censuras em meio das quais encerra o pensamento em favor do treinamento, do aperfeiçoamento, do cuidado e da apresentação do corpo e das virtudes ligadas a um bom uso do corpo como, por exemplo, a segurança, o domínio de si, a firmeza, a energia. Assim como a batina traduz a castração social de seus portadores, a farda dota seus portadores de uma espécie de virilidade oficial, ambas exprimindo os dois pólos limites da dominação.

Não é por acaso que, num estágio incipiente de formação de um campo especializado de produção de bens simbólicos, quando ainda não existe uma definição estrita do trabalho intelectual, o trabalho socialmente definido como simbólico recaia sobre as mulheres e sobre os homens que com elas se identificam e que por esta via se apropriam dessa espécie de trabalho, ainda relativamente destituído de valor econômico, mas que tende a adquirir um valor específico, de início indireta e depois diretamente econômico num estado ulterior das relações entre as frações e entre as classes. Tendo em vista a dualidade dos princípios de estruturação deste espaço, constata-se que os deslocamentos neste mesmo espaço, isto é, as trajetórias concretas que encaminham para o ofício de escritor, podem ser referidos a dois princípios: de um lado, as propriedades relativas ao grupo familiar e, basicamente, a falência econômica e/ou a perda do pai, e, de outro, as propriedades relativas à *hexis* corporal e que são propícias ao favorecimento de disposições socialmente definidas como femininas. Estes dois conjuntos de fatores tendem a orientar, através de mediações diferentes, para as regiões "femininas" do espaço da classe dirigente.

Na verdade, em quaisquer dos casos, o declínio da trajetória social, ou melhor, esse deslocamento para as posições de refúgio ou para os espaços sociais de relegação não ocorre de maneira mecânica. Ele se realiza por intermédio de uma transformação profunda do *habitus,* de um processo de "feminização social" que pode resultar tanto da experiência do declínio familiar como de uma resposta à impossibilidade física de assumir papéis masculinos, todos esses fatores podendo em certos casos se acumularem e se reforçarem mutuamente.

Eis o corpo de hipóteses que foram sendo progressivamente estabelecidas a partir da análise desse conjunto de biografias.

2. OS "PARENTES POBRES": A DIVISÃO SEXUAL DO TRABALHO DE REPRODUÇÃO

O trabalho da mãe   *O trabalho do pai*

Humberto
(de Campos)

(...) Véras nasceu em 1886 numa pequena cidade no interior do Estado do Maranhão. Seu pai era filho de um proprietário de terras de cana, de gado, de escravos que, ao falecer, deixou dez filhos e duas filhas.

Sua avó casou-se com

um antigo empregado e amigo da casa ao qual se atribui

a dilapidação do patrimônio familiar.

Não obstante, seus tios paternos enriqueceram através do comércio de importação e exportação, de uma usina de beneficiamento de arroz, adquiriram terras, fazendas, propriedades. Seu pai era proprietário de um estabelecimento comercial em Miritiba que, embora acanhado ao lado dos negócios dos irmãos, lhe propiciava capital

e contactos para lançar-se como intermediário
na revenda de gado e cereais do interior para a
capital do Estado (São Luís). De sua primeira
relação marital com
a filha de um fazendeiro falido
ficaram-lhe três filhas.
Enviuvando, casou-se de novo com
a filha de um professor público
de sua cidade.
Deste casamento nasceram seus dois filhos legítimos, primeiro Humberto e, dois anos
mais tarde,
sua irmã mais moça. Há notícias de um
parente, do lado materno, que teria sido
autor de uma gramática. Aliás, os irmãos
de sua mãe tiveram posição social bem
modesta (professor primário) se os compararmos
aos irmãos de seu pai;
muitos deles viviam às custas
de um cunhado rico, justamente o segundo
Véras a casar-se com
uma Campos.
O pai de Humberto morre em 1892 deixando-o
com seis anos de idade.
A mãe liquida os negócios do marido,
vende as propriedades inclusive a casa
nova e uma pequena fazenda de gado

onde iam passar as férias, arrecadando não mais que dez contos de réis. As duas enteadas menores são entregues a famílias de Miritiba e recebem em gado sua parte na herança; a mãe destina um conto para seus dois filhos fazendo depósito na Caixa Econômica de São Luís e reserva sua parte para a aquisição de um terreno e construção de uma casa em Parnaíba onde
      os tios paternos de Humberto já estavam fixados.

Instala-se aí com seus irmãos, os dois filhos e a enteada mais velha. No início, o orçamento familiar se mantém equilibrado devido às contribuições dos tios maternos e, mesmo depois que eles se estabelecem no Pará atraídos pelo surto da borracha, continuam por algum tempo remetendo diminutas mesadas. Nessa batida, por volta de 1898, a situação material em casa era desesperadora. Todos passam a viver do trabalho de costura que envolve, a par do mutirão doméstico, a mãe, as tias e sua meia-irmã, bem como do escasso lucro que provinha da comercialização em pequena escala da lenha dos arredores. Alugam a casa que sua mãe mandara construir a fim de complementar o orçamento.

Humberto

faz suas primeiras letras com sua mãe e numa escola pública de Parnaíba onde só havia meninas. Passa em seguida para uma "outra escola de mulher", particular, que admitia meninos em número reduzido. Por essa época, tendo de oito para nove anos, sua mãe lhe arranja uma vaga como aprendiz de alfaiate e, ao cabo de alguns meses,

> seus tios paternos se dispõem a patrocinar seu retorno à escola e admitem-no como empregado no balcão de sua loja.

Humberto ingressa no colégio que acabara de inaugurar o cunhado

de um outro irmão de seu pai,

ex-seminarista, formado em humanidades, originário de "ramo senhorial ilustre" mas também empobrecido, que viera para a cidade viver encostado

a sua família paterna.

"Isolado dos homens, pelos escrúpulos que trouxera do seminário, e repelido pelas mulheres, que não viam nele propriamente um homem (...)", acaba indispondo-se com muitas famílias por causa das inovações que introduziu e, no ano seguinte, não agüenta a concorrência de um outro ex-padre que passa a acolher o mesmo público. Os pequenos furtos que Humberto fazia na loja do tio fazem-no perder o lugar, passando a auxiliar em casa no trabalho de costura que passava por um momento de crise com o casamento de sua meia-irmã. Depois de um estágio como aprendiz numa oficina tipográfica, e de novo fora da escola,

> um outro tio Véras propõe-se a levá-lo para São Luís e arranjar-lhe uma colocação estável no comércio.

A biografia construída de Humberto de Campos Véras ilustra de modo típico-ideal de que maneira a reconversão a uma carreira literária determinada, dentre outros motivos, pela falência econômica e pela morte do pai, envolve um certo tipo de mobilização do capital de relações sociais. A orfandade e, mais precisamente, a morte do pai, parece constituir uma determinação essencial, uma vez que ela estabelece uma modalidade particular de dependência em face da oligarquia, qual seja a dependência mediada pelas relações que a mãe mantém com os parentes ricos, no caso com a família do marido. Os inúmeros trechos em que Humberto relata o trabalho de sua mãe, de suas tias e de sua meia-irmã, evidenciam uma espécie de consciência, em estado prático, dessa dependência. Os trabalhos de costura constituem a prestação essencial que os "parentes pobres" podem contribuir para a oligarquia que, por sua vez, se incumbe de fornecer os instrumentos de trabalho, de definir as formas de produção, as modalidades de comercialização, a margem de lucro.

A penúria, em nossa casa, tornara-se extrema, quase desesperadora. Quatro mulheres (...) lutavam aí (...) pela subsistência de seis pessoas. Dividindo entre si as despesas, trabalhavam elas, até *tarde da noite* (...) Minhas duas tias maternas (...) costuravam e bordavam *para algumas famílias conhecidas,* assumindo, com o produto precário desse esforço, a responsabilidade da cozinha e da mesa, uma semana sim, outra não. Minha irmã mais velha, e minha mãe, tinham a seu cargo a semana que se seguia: a primeira, curvada na máquina da costura, fazendo roupa de homem, camisas e calças de tecidos grosseiros, para casas comerciais; a segunda, cortando essa costura, e fabricando meias para homens, crianças e senhoras, meias de algodão trabalhadas na sua pequena máquina manual, e que eram vendidas na rua a oito, nove e dez tostões o par. A máquina havia sido *uma dádiva generosa* da família Martins Ribeiro (...) Incumbia-se da venda quotidiana das meias a velha Andrêza, cafuza desdentada e sem idade, que *conhecia todo o mundo, penetrava em todas as casas* (...) minha irmã (...) cosia as roupas de "carregação" que minha mãe cortava, recebendo, das firmas para as quais trabalhava habitualmente, trezentos réis pelo feitio de uma calça. Para ganhar dois mil e quinhentos réis por dia, precisava costurar, às vezes, das seis da manhã às nove da noite. Mesmo assim conseguiu reunir algumas economias e comprar, com elas, um jumento, que entregou a um cabocolinho para a venda de lenha na zona urbana. O cabocolinho cortava a lenha nas matas vizinhas, carregava com ela o quadrúpede, e vinha vendê-la à cidade. A carga, de sessenta achas, custava, então, oitocentos réis. Os lucros eram divididos entre o sócio de indústria e o sócio "capitalista". E como o caboclinho podia fazer duas viagens diárias, minha irmã auferia, como proprietária do gerico, oitocentos réis por dia (...) De três em três meses, às vezes mais espaçadamente, meu tio Antoninho remetia do Pará cem ou cento e cinqüenta mil-réis. Esse auxílio correspondia, porém, à parte nas despesas que competia à irmã mais velha, que passava a maior parte do tempo doente (...) Minha mãe não contava senão consigo mesma. Tendo, além da sua parte nas despesas de cozinha, de vestir e educar dois filhos, e de contribuir com os impostos e consertos da casa, o seu sacrifício era consideravelmente maior (...) Para um lucro de dois mil-réis, tornava-se preciso um dia inteiro de atividade intensa e dolorosa. Um aneurisma no polegar da mão direita não só dificultava, como fazia penosa a sua operosidade (HUMBERTO DE CAMPOS, Memórias/1.ª parte, ed. cit., pp. 264/266).

A costura possibilita aos "parentes pobres" terem acesso às famílias dominantes de sua classe de origem com tudo que tal proximidade implica em termos de prospecção de postos e de carreiras disponíveis para seus filhos e para si mesmos. Tendo em vista que o trabalho feminino e seus produtos (educação dos filhos, trabalho doméstico, trabalho de costura, etc.) são desvalorizados, o capital de relações propicia lucros tanto menores quando, como no caso de Humberto, o recurso à oligarquia se faz por intermédio da mãe. A costura simboliza a própria relação em falso dos "parentes pobres" com a oligarquia, vale dizer, o "gosto" constitui o único bem que lhes sobrou de sua convivência com a oligarquia. Os bens produzidos pelo trabalho feminino mais manual, como por exemplo a costura, apresentam inúmeros traços comuns com os bens simbólicos em geral, na medida em que sua produção exige uma competência que só pode ser adquirida pela posse de um *habitus* de classe apropriado, isto é, por uma mesma origem de classe. O "gosto" e os contactos sociais exigidos pelo trabalho de costura encomendado pela oligarquia pressupõem o domínio prático de todo o estilo de vida desta classe. Enquanto atividade "artística", a costura prenuncia de certa maneira o trabalho literário. Vale dizer, a costura realiza uma forma particular de trabalho simbólico na medida em que ela permite marcar diferenças sociais ao retraduzi-las ao nível do gosto. Por exigir muitos cuidados, minúcias e um bom acabamento, condições necessárias para produzir diferenças mínimas, a costura é ao mesmo tempo a mediação prática pela qual um dado agente interioriza a experiência do declínio (em especial, a perda do capital econômico) e através da qual um novo projeto, a vocação intelectual, pode concretizar-se através e pela feminização da família e da criança.

O fato de haver freqüentado escolas de "mulheres", o fato de quase todos os homens do lado materno serem professores primários e os diretores dos colégios de sua cidade serem ambos ex-seminaristas, a participação de Humberto nos trabalhos de costura em sua casa, evidenciam a extensa série de eventos familiares e sociais através dos quais a perda das condições necessárias à reprodução da posição social do pai se faz acompanhar por um abandono progressivo do modelo masculino, ao cabo dos quais se constitui o *habitus*. A maneira mais fecunda de captar o conjunto de disposições assim interiorizadas consiste em observar as modalidades socialmente determinadas de apropriação prática e simbólica do corpo.

Mais *por gosto* do que por obrigação ou castigo, aprendi a fazer crochê, renda de almofada, e algumas outras prendas femininas e caseiras (HUMBERTO DE CAMPOS, op. cit., p. 328).

"À tarde, minha mãe submetia-me à prova de leitura e, à noite, à de caligrafia. Apenas, como meu avô ensinara minha mãe a escrever apoiando a mão sobre o dedo mínimo, entendia ela que a escrita não sairia certa sem essa particularidade. O meu dedo mínimo era, porém, rebelde. Encolhia-se com os outros, fechando a mão. E isso fez com que minha mãe e mestra m'o amarrasse com um barbante, puxando-o para fora toda a vez que eu o recolhia" (*Id., ibid.*, p. 165).

Todas as situações a que se referem memórias e biografias onde ocorre a morte do pai, mesmo nos casos em que tal fato sucede durante a adolescência do futuro escritor, traduzem sobretudo a morte da posição social que o pai ocupava e de todas as posições homólogas ao nível da estrutura da classe dirigente.

Assim, a trajetória de Lima Barreto se explica ao mesmo tempo pela presença de um padrinho rico que patrocina seus estudos e pela loucura de seu pai ao fim de sua adolescência. O pai e a mãe de Afonso Henriques de Lima Barreto eram ambos filhos naturais de escravos. Tendo feito estudos de humanidades no Instituto Comercial da corte e seu aprendizado de tipógrafo no Imperial Instituto Artístico — na época, o estabelecimento-modelo no ramo —, seu pai tencionava estudar medicina e esteve mesmo prestes a fazer alguns dos exames preparatórios. Aos vinte anos, já trabalhava como tipógrafo em um jornal carioca; seu desempenho eficiente lhe garante não apenas diversas promoções mas também a proteção de Afonso Celso, Visconde de Ouro Preto, então Ministro da Fazenda. Por seu intermédio consegue um cargo na Imprensa Nacional às vésperas de seu casamento, cujo padrinho foi o próprio Visconde. Em 1888, o pai de Afonso publica a tradução do *Manual do Aprendiz Compositor,* de autoria de Jules Claye e, no final do mesmo ano, é chamado para trabalhar na *Tribuna Liberal,* jornal que defendia os interesses políticos de seu compadre, agora chefe do último gabinete imperial. Em 1889, com a queda do Império, o pai de Afonso demite-se da Imprensa Nacional antes que o demitam. Em seguida, com o apoio de Cesário Alvim, Ministro da Justiça que era ligado a Ouro Preto, é nomeado escriturário das Colônias de Alienados da Ilha do Governador, sendo logo promovido a almoxarife. Apesar de ter sido um dos inúmeros agregados de uma família senhorial decadente, a mãe de Afonso recebeu a "melhor" educação "que seria possível às mocinhas de sua condição, chegando mesmo a tirar diploma de professora pública". Após seu casamento, abre uma escola primária para meninas, falecendo em 1887. De volta de seu primeiro exílio, Ouro Preto dispõe-se a financiar os estudos de seu afilhado Afonso. Tendo feito suas primeiras letras com a mãe, Afonso ingressa no Liceu Popular Niteroiense, de "gente rica", dirigido por um professor inglês, onde completou o secundário e parte do suplementar. Obtendo aprovação nos exames preparatórios, que prestou no então Ginásio Nacional, matricula-se no curso anexo ao Colégio Paula Freitas que preparava os candidatos ao curso de Engenharia; é aprovado no concurso de ingresso para a Escola Politécnica. A perda da proteção financeira de seu padrinho e a doença do pai se fazem acompanhar por inúmeros fracassos escolares; quando seu pai enlouquece, Afonso acaba abandonando a Escola Politécnica quando já estava prestes a conseguir o diploma. Em seguida, é aprovado num concurso público e obtém uma vaga de amanuense na Secretaria da Guerra; aproxima-se de círculos literários marginais, começa a dar aulas particulares e a colaborar na imprensa carioca.

Deste modo, a presença do padrinho permite a Lima Barreto orientar-se num primeiro momento para uma carreira relativamente distante do pólo intelectual, a profissão de engenheiro. Embora venha compensar a escassez de meios materiais de que dispunha sua família, fato que normalmente deveria facilitar seu acesso às carreiras burguesas às quais seu pai foi obrigado a renunciar (por exemplo, sua exclusão da Escola de Medicina), a presença de Ouro Preto consegue assegurar apenas uma adesão precária às carreiras (masculinas) dominantes. Lima Barreto acaba por desistir do projeto paterno de convertê-lo em um "júnior da classe dominante", "um homem enérgico, inacessível a tudo isto, engenheiro, talvez, a construir pontes, máquinas, cais ou coisas semelhantes". Ao contrário, Humberto de Campos, atraído pelas carreiras burguesas de seus tios negociantes ("espírito mercantil"), estava objetivamente destinado às carreiras que, no âmbito da divisão do trabalho de dominação, eram as mais afastadas do pólo do poder econômico, quais sejam as carreiras eclesiástica e militar.

Entre os castigos que eu mais temia, estava a internação na Escola de Aprendizes Marinheiros, que funcionava, então, em Parnaíba (...) Esse menino precisa de seminário (...) A família deve ter um padre... E essa idéia me revoltava (...) Certa vez, porém, uma senhora que alimentava paixão pela farda (...) abriu diante dos meus olhos espantados o futuro que me aguardava, e que se tornaria realidade se eu seguisse a carreira militar (...) E já me imaginava embainhado no meu uniforme vistoso, marchando à frente das minhas tropas (...) No princípio do ano que vem vou a Teresina tirar os preparatórios... Depois, sigo para o Rio de Janeiro, e me matriculo na Escola Militar (...) Com que dinheiro, meu filho? (...) Convém assinalar, talvez, aqui, o domínio absoluto que exercia, então, sobre mim, o espírito mercantil. Eu gostava de ler. Eu amava os livros, e acentuara esse gosto na passagem pelas tipografias. Eles constituíam, todavia, para mim, um passatempo amável, um delicado recreio da imaginação. Não me passava, mesmo vagamente, pela idéia, tornar-me um homem de letras. Nunca me ocorreu escrever um verso. Nunca pensei em uma frase bonita. O lugar que, no meu coração e no meu cérebro, devia ser ocupado, tiranicamente, mais tarde, pelos nomes de Homero (...) estava repleto de firmas comerciais (...) Uma firma comercial dava tal expressão de força aos homens que a constituíam, que eles eram, aos meus olhos, como semideuses de nova espécie (HUMBERTO DE CAMPOS, *Memórias/1.ª parte*, pp. 214, 262/263, 310/312; *Memórias inacabadas*, pp. 10/11).

O princípio subjacente à experiência social de Lima Barreto (bem como às tomadas de posição estéticas e políticas que dela resultam) reside na convergência de dois movimentos opostos, a saber, a familiarização com o universo da classe dirigente através da educação singular que recebeu por intermédio de seu padrinho, com todas as implicações que tal fato teve no tocante à percepção das alternativas de carreira, das amizades, das leituras e, de outro lado, a permanência do vínculo à sua classe de origem. Esta dupla experiência lhe permite apropriar-se das maneiras de pensar e sentir estranhas ao seu meio de origem e, ao mesmo tempo, lhe permite assumir um ponto de vista objetivo sobre o mundo social a partir de sua primeira experiência desse mundo.

A família que se junta a uma outra, de educação, instrução, inteligência inferior, dá-se o que se dá com um corpo quente (...) Foi o que se deu conosco. Eu, entretanto, penso me ter salvo. Eu tenho muita simpatia pela gente pobre do Brasil, especialmente pelos de cor, mas não me é possível transformar essa simpatia literária, artística, por assim dizer, em vida comum com eles (...) A minha vida de família tem sido uma atroz desgraça. Entre eu e ela há tanta dessemelhança, tanta cisão, que eu não sei como adaptar-me. Será o meu "bovarismo"? (...) Desgraçado nascimento tive eu! Cheio de aptidões, de boas qualidades, de grandes e poderosos defeitos, vai morrer sem nada ter feito (...)

Há de ser difícil explicar esse sentimento doloroso que eu tenho de minha casa, do desacordo profundo entre mim e ela; é de tal forma nuançoso a razão de ser disso (...) A minha melancolia, a mobilidade do meu espírito, o cepticismo que me corrói (...) nasceu da minha adolescência feita nesse sentimento da minha vergonha doméstica (Trechos do seu *Diário*).

A ambigüidade deste relato assume seu pleno sentido porque Lima Barreto viveu tal experiência enquanto mulato, estigma a que vai atribuir em larga medida sua exclusão social, sua infelicidade, sua decadência física, as alucinações, o alcoolismo, o celibato forçado.

Se nos casos de Humberto de Campos, Lima Barreto e Hermes Fontes, estigmas como a gagueira, a feiúra, a surdez, e o fato de serem os três mulatos, reforçaram os efeitos provocados pela falência do pai (no duplo sentido de falência material e falência biológica) e a interiorização das disposições exigidas dos agentes predestinados às carreiras intelectuais, a trajetória de Vivaldo Coaracy, cujos trunfos posicionais (filho único) não sofriam o contrapeso de estigmas, constitui um caso em que os efeitos da falência do pai são postergados e, por conseguinte, a reconversão a uma carreira intelectual manifesta-se tardiamente. Além disso, sua biografia é a que melhor permite evidenciar os traços sociais característicos da trajetória dos agentes relegados à carreira militar.

Vivaldo Coaracy, filho único de um casal de jornalistas cariocas, fica órfão de pai e mãe aos dez anos, sendo adotado por um tio cuja esposa era paralítica. Até a idade de 16 anos permanece como aluno interno num seminário. Desentendimentos com seu tio, com quem nunca se dera bem, levam-no a deixá-lo indo morar com Licínio Cardoso, professor da Escola Politécnica e da Escola Militar, filósofo e autor de diversos ensaios sobre a sociedade brasileira. A família de Licínio, em especial sua mulher, era íntima de seus pais. Sendo obrigado a deixar a Escola Militar por ocasião da revolta dos cadetes em 1904, vai para Porto Alegre onde começa trabalhando num pequeno jornal destinado ao interior do Estado. Despedido desse emprego, torna-se em seguida professor particular, professor secundário e, graças às suas economias, consegue ingressar no curso de Eletrotécnica da Escola de Engenharia, um curso intermediário entre os cursos do Instituto Profissional e o curso acadêmico de Engenharia Civil, que exigia estudos mais longos; acaba tornando-se professor de Matemática no mesmo Instituto e, ao mesmo tempo, passa a colaborar regularmente num jornal de Porto Alegre. Em 1911, conclui o curso de engenheiro eletrotécnico, sendo mandado aos Estados Unidos para aperfeiçoar-se. De volta em 1913, escreve um livro sobre o ensino técnico norte-americano e integra-se ao corpo docente do Instituto de Eletrotécnica, galgando todos os degraus da hierarquia acadêmica e política nesse estabelecimento. Se em certa medida tanto sua passagem pela Escola Militar como o ingresso na Escola de Engenharia eram "escolhas" que se inspiravam no modelo de seu tutor Licínio Cardoso, é ainda por seu intermédio que vai obter um cargo numa empresa de eletricidade em S. Paulo, para onde se transfere em 1920.

A partir de então terá condições de constituir sua

própria rede de relações sociais junto à burguesia local. Até esse momento havia publicado apenas alguns versos e um romance que passou despercebido; em 1924, publica outro romance. A partir daí, estará cada vez mais envolvido pelas tarefas políticas e ideológicas de que se incumbiam os principais integrantes do estado-maior intelectual da burguesia paulista. Muito embora, ao longo de suas memórias, faça inúmeras referências à sua "veia" literária, sua atividade enquanto produtor propriamente intelectual se consolidará a partir de sua inserção nos quadros intelectuais a serviço do projeto político revanchista que essa mesma burguesia assume[4]. Mesmo em Porto Alegre, antes de entrar no curso de Eletrotécnica, a anistia dos cadetes revoltosos e a instalação de uma Escola Militar na capital gaúcha, fazem-no repensar a carreira militar como uma alternativa capaz de livrá-lo de uma relegação social que, durante certo período supôs definitiva. A despeito dos desmentidos que apresenta — "a carreira militar não me atraía", "a disciplina era muito rígida", etc. — percebe-se claramente que preser-

---

4. Após a derrota política em 1930, as frações dominantes de São Paulo se esforçam por retomar o poder através da revolução de 1932, visando derrubar o governo de Vargas que, na verdade jamais deixara de atender a seus interesses econômicos. O fracasso dessa tentativa constitui a base de modificações importantes no programa político dessas frações e, em particular, traduz-se no projeto explícito de formação de quadros políticos e intelectuais que se concretiza com a fundação da Escola de Sociologia e Política de São Paulo e da primeira faculdade de Filosofia, Ciências e Letras, ambas nos anos 30.

vava tal alternativa enquanto posição social de reserva, caso lhe fosse bloqueado o acesso a um curso superior. "Repugnava-me a idéia de que conhecidos meus me vissem a trabalhar como caixeiro de armazém (...) Estava disposto a aceitar qualquer trabalho. Como recurso extremo, em último caso admitia a possibilidade de assentar praça no pequeno exército estadual que era a Brigada Militar, a força pública do Estado. Supunha que a qualidade de ex-cadete, com a instrução recebida no Realengo e na Praia Vermelha, me facilitaria o ingresso na tropa (...) Não quis me aproveitar da anistia votada pelo Congresso em benefício dos alunos excluídos do Exército em conseqüência do levante da Praia Vermelha (...) Ia estudar Engenharia; formar-me; habilitar-me a uma profissão séria e conceituada ante os padrões burgueses. Licínio era engenheiro e professor da Politécnica, no Rio (...) Desprendi-me assim, aos poucos, daquelas presunçosas aspirações literárias que antes alimentara[5]." Sem dúvida, não é por acaso que a reconversão ao trabalho intelectual em bases regulares só tenha ocorrido muito mais tarde, após o suicídio de seu segundo tutor.

---

5. VIVALDO COARACY, *Encontros com a vida*, ed. cit., 2.º v. das *Memórias*, pp. 11, 13, 79, 82, 104.

3. TENENTES E INTELECTUAIS

Muito embora não sejam exatamente contemporâneos em termos de conjuntura política, parece importante esboçar uma comparação entre a trajetória dos escritores da República Velha de que estamos tratando e a trajetória dos tenentes cuja participação política nos anos 20 e 30 está ligada às principais mudanças por que passou o sistema político brasileiro. Ao passo que Vivaldo Coaracy compensava de algum modo a perda do pai e de seu segundo tutor com os trunfos que lhe advinham do fato de ser filho único, os tenentes, mesmo tendo que enfrentar situações semelhantes nas quais todavia a perda do pai sucede, como veremos, de maneira muito mais branda e atenuada, não contam por outro lado com as condições próprias a reforçar as disposições que o trabalho literário exige, nem dispõem de qualquer trunfo compensatório. Por todas essas razões, os tenentes constituem o produto de um processo distinto de relegação tendente a orientá-los para a carreira militar.

Os tenentes sobre os quais existem informações biográficas bastante detalhadas, sendo que alguns deles também escreveram livros de memórias — como por exemplo, Juarez Távora, João Alberto e Agildo Barata — têm em comum com os letrados a origem oligárquica e a trajetória em declínio de suas famílias. Deixando-se de lado a questão ritual de saber se os tenentes devem e/ou podem ser identificados à classe média da qual teriam sido os porta-vozes na conjuntura política que precede a queda da República Velha, também não se consegue dar conta do problema relativo ao papel político que desempenharam privilegiando os traços que os vinculam à oligarquia. Na verdade, o que mais distingue os tenentes dos letrados é a distância relativa de suas famílias de origem em relação ao pólo intelectual da classe dirigente que, no caso dos tenentes, é muito maior. De outro lado, os tenentes não dispõem de condições idênticas que lhes permitam acionar seu capital de relações sociais nas mesmas proporções com que o fazem os escritores; em conseqüência, não dispõem da condição básica capaz de permitir um investimento escolar prolongado e o acesso a postos na divisão do trabalho de dominação que desfrutam de uma maior autonomia relativa em face das demandas políticas e simbólicas da classe dirigente.

Freqüentemente integrantes de proles numerosas e muitas vezes marcados pela condição de filhos de um segundo casamento do pai, os tenentes acumulam os *handicaps* ligados à sua posição de caçulas em famílias numerosas aos que resultam da decadência da família tanto do ponto de vista da posição ocupada pelo pai como da perda do capital econômico. Juarez Távora era o décimo-quinto e último filho de um pequeno proprietário agrário no Nordeste. Quando Juarez deixa a casa dos pais para estudar acompanhado de dois irmãos da mesma faixa de idade, o seu irmão mais velho já era médico e farmacêutico. Dois outros irmãos dentre os mais velhos haviam partido em busca de uma situação melhor na corrida provocada pela expansão da borracha; outros já estavam casados e tinham filhos com a mesma idade que Juarez. Um outro irmão era tenente na Bahia, casado, e prestes a concluir o curso de Engenharia Civil; um outro havia deixado o seminário por um emprego nos Correios. Tudo se passa como se, no interior da família de Juarez, tivesse havido uma deterioração progressiva das possibilidades objetivas de fazer carreira. Juarez e Fernando, o penúltimo dos irmãos, encontravam-se de algum modo na mesma situação que os tenentes originários de um segundo casamento, na medida em que todos eles não puderam contar com um capital econômico e social familiar que se esgotou com a educação e o encaminhamento dos mais velhos. Eles tentam seguir o mesmo modelo de seus irmãos mais velhos, tendo no entanto que enfrentar todos os obstáculos que se devem ao fato de não poderem mais contar com o patrimônio intacto. Por conta de tudo isso, acabam ficando dependentes de seus irmãos mais velhos, numa condição semelhante àquela de que se ressentem irmãos "de criação".

De fato, o montante (e as espécies) de capital de que dispõe uma família de "parentes pobres" não se distribui igualmente entre todos os irmãos que se distinguem por traços ligados à conjuntura em que nasceram e às propriedades posicionais inerentes a tal conjuntura. Nestas condições, cada um dos irmãos poderá acionar estratégias de mobilização do capital familiar capazes de proporcionar lucros desiguais. Não podendo orientar-se para uma carreira intelectual ou para uma carreira (masculina) dominante como a de engenheiro (tanto Juarez como João Alberto se viram obrigados a desistir no meio do curso de Engenharia) pelas razões indicadas, os tenentes, que eram freqüentemente filhos e/ou parentes de militares, fazem valer este trunfo familiar dificilmente conversível e que, no limite, constitui a única "vantagem" capaz de atenuar os efeitos da relegação a que foram sujeitos no interior de suas famílias de origem.

4. DOENÇA E CARREIRA MASCULINA INTERROMPIDA

> Minha mãe
> Era a melhor de todas as mulheres
> E me queria mais que aos meus irmãos
> Porque eu era fraquinho...
> E um dia a minha mãe morreu (...)
> (...)
>
> E eu fiquei, desde aí, com os pulmões atacados,
> Por não dormir, a pensar na mãe que me queria.
> Tenho uma suave irmã que não me foge,
> Que me adora com loucura,
> E que, depois que fiquei chupado e doente,
> Cuida de mim com muito mais ternura
> (...)
>
> E até meu pai, esse homem triste e estranho,
> Que eu jamais compreendi, estará soluçando,
> Numa angústia quase igual a que lhe veio,
> Quando mamãe se foi numa tarde comprida...
>
> (RODRIGUES DE ABREU, *Versos à bondade de minha irmã.*)

A doença, e em particular, em fins do século XIX e começos do nosso século a tuberculose, as afecções respiratórias como a bronquietasia, provocam efeitos sociais semelhantes àqueles produzidos pela perda do pai[6]. Pode ocorrer que a doença venha juntar-se à orfandade, como no caso de Paulo Setúbal, segundo filho de um comerciante do interior do Estado de São Paulo, órfão de pai aos quatro anos, tuberculoso aos dezenove anos, e oscilante entre a carreira eclesiástica e a carreira jurídica.

Manuel Bandeira representa o caso típico-ideal de reconversão provocada pela doença. Nascido em Recife em 1886, acompanha sua família para o Rio dez anos mais tarde. Descendente de famílias tradicionais, filho de um engenheiro cuja situação material era remediada, muito embora possuísse um amplo círculo de relações sociais incluindo escritores, médicos, professores do Colégio Pedro II, cientistas do Museu Nacional, etc. Desde cedo, o pai cultivou nele uma "inclinação" pela arquitetura, incutindo-lhe a idéia de que o arquiteto estaria, na hierarquia das carreiras, acima do politécnico: "Mas eu não me destinava à literatura e não tratei de suprir por mim mesmo as deficiências dos meus professores (...)

---

6. Ver, em especial, o levantamento exaustivo realizado por Tulo Hostilio Montenegro, *Tuberculose e literatura (notas de pesquisa)*, 2. ed. revista e aumentada, Rio de Janeiro, A Casa do Livro, 1971, abrangendo desde o Romantismo até o Modernismo. Esta obra contém no frontispício a seguinte dedicatória: "À memória de minha mãe, meu pai e Nilo — também tuberculosos". Informações esparsas sobre a questão da doença podem ser encontradas nas curtas biografias constantes da obra de Andrade Muricy, *Panorama do movimento simbolista brasileiro*, 2. ed., Rio de Janeiro, Ministério da Educação e Cultura/Instituto Nacional do Livro, 1973, 2 v.

Não era minha ambição ser poeta e sim arquiteto, gosto que me foi muito jeitosamente incutido por meu pai, sempre a me interessar no desenho, dando-me a ler os livros de Viollet-le-Duc (*L'art du dessin, Comment on construit une maison*), mostrando-me reproduções das grandes obras-primas arquitetônicas do passado, criticando com zombaria os aleijões dos mestres-de-obra do Rio. Se eu escrevia versos, era com o mesmo espírito desportivo com que me equilibrava sobre um barril"[7]. Depois de concluir o bacharelato em Ciências e Letras no Ginásio Nacional, no Rio de Janeiro, matricula-se no curso de engenheiro-arquiteto da Escola Politécnica de São Paulo e no Liceu de Artes e Ofícios. No Liceu, "(...) desenhava a mão livre e fazia aquarelas, porque eu desejava ser um arquiteto como Viollet-le-Duc, (...) que soubesse desenhar (...) Tinha aspirações excessivas (...) construir casas, remodelar cidades, encher o Rio ou o Recife de edifícios bonitos como Ramos de Azevedo fizera em São Paulo"[8].

No final do ano letivo de 1904, fica tuberculoso, sendo obrigado a largar os estudos. É desse momento que se pode datar sua reconversão à literatura; até a publicação de sua primeira coletânea de versos (*A Cinza*

---

7. MANUEL BANDEIRA, *Itinerário de Pasárgada*, ed. cit., p. 19.

8. HOMERO SENNA, *República das Letras* (20 entrevistas com escritores), 2.ª ed., revista e ampliada, Rio de Janeiro, Gráfica Olímpia Editora Ltda., p. 54.

das Horas), atravessa "quinze anos de crises, melhoras, recaídas, mudanças constantes de clima e até de país", período que lhe permite um investimento propriamente intelectual que constitui o fundamento de seu imenso domínio prático e simbólico do "ofício" de poeta e que mais tarde vai lhe permitir produzir paralelamente à sua obra poética um amplo trabalho de celebração das grandes figuras da poesia brasileira. É de tal ordem o montante de capital que acumulou no campo literário em geral, e poético em particular, que o próprio título de seu livro de memórias — *Itinerário de Pasárgada* — remete a um de seus poemas mais célebres ao invés de referir-se metaforicamente à infância como é de praxe entre os autores mais consagrados. Aliás, capítulos inteiros de suas memórias giram em torno das proezas que sua erudição propicia e que atestam seu domínio técnico do ofício de poeta, segundo os parâmetros das mais diversas tradições. Não é propriamente a doença que o converte em poeta, mas as condições de vida que a doença impõe, cortando-lhe a possibilidade de assumir a carreira prevista pelo pai, bem como de assumir qualquer outra trajetória homóloga.

Em certa medida a doença atua de maneira muito mais radical do que a orfandade, uma vez que sua existência se faz acompanhar por um processo mais acabado de mutilação social que começa pelo celibato forçado e por uma situação de dependência no interior do universo familiar. Embora seja obrigada a admitir os efeitos provocados pela doença sobre a trajetória do futuro poeta, a crítica literária não pode admitir o papel decisivo que ela desempenhou na definição de seu projeto intelectual, preferindo justificá-lo invocando os pequenos feitos literários da infância e/ou da adolescência. Após diversos períodos de cura por todo o Brasil, Bandeira permanece um ano num sanatório suíço. De volta ao Brasil, perde, sucessivamente, a irmã que o havia ajudado no momento mais difícil, a mãe, o pai, o irmão.

> Falta a morte chegar... Ela me espia
> Neste instante talvez, mal suspeitando
> Que já morri quando o que eu fui morria
> (M. BANDEIRA, *Noturno do Morro do Encanto.*)

Assim, para aquele que está morto socialmente por não poder ocupar a posição social que lhe era destinada, o objeto do trabalho literário constitui a objetivação de sua experiência da mutilação social. Seu discurso revela as disposições que poderiam ter sido as suas, ou então, que por um tempo efetivamente o foram, e que a doença não lhe permitiu incorporar, a de ser "belo como Davi, forte como Golias".

> E como farei ginástica
> Andarei de bicicleta
> Montarei em burro brabo
> Subirei no pau-de-sebo
> Tomarei banhos de mar!
> (M. BANDEIRA, *Vou-me embora pra Pasárgada.*)

Manuel Bandeira faz o balanço de "toda uma vida que poderia ter sido e que não foi",

> Sim, já perdi pai, mãe, irmãos.
> Perdi a saúde também.
> É por isso que sinto como ninguém o ritmo do jazz-band.
> (M. BANDEIRA, *Não sei dançar*.)

passa em revista as alternativas objetivas de carreira, a trajetória que poderia ter sido sua,

> Arquiteto falhado, músico
> falhado (. . .)
> sem família,
> Religião ou filosofia;
> Mas tendo a inquietação de espírito
> Que vem do sobrenatural,
> E em matéria de profissão
> Um tísico profissional
>
> (M. BANDEIRA, *Auto-retrato*.)

e expressa a recusa simbólica de modelos que percebe como o produto de uma trajetória semelhante à sua:

> (. . .)
> Mas o cálculo de probabilidade é uma pilhéria...
> Abaixo Amiel!
> E nunca lerei o diário de Maria Bashkirtseff
> (M. BANDEIRA, *Não sei dançar*.)

Bandeira constitui o caso-limite em que as condições de vida impostas pela doença tenderam, na ausência de outras mutilações sociais, a anular todos os trunfos ao seu alcance — como por exemplo a ampla rede de relações sociais de seu pai, o êxito escolar nos melhores colégios da época, etc. — e que o encaminhariam para as carreiras (masculinas) dominantes, fazendo com que se reconvertesse ao gênero literário de maior prestígio e de menor rentabilidade econômica. No caso de Paulo Setúbal, a tuberculose não faz outra coisa senão reforçar os efeitos provocados pela perda do pai.

Após realizar os estudos secundários numa escola dirigida pelos irmãos maristas que, por conta de seu bom desempenho, convidaram-no a tornar-se irmão do Carmo, Paulo Setúbal decide matricular-se na Faculdade de Direito de São Paulo. Entretanto, cindido entre as influências anticlericais de um grupo de amigos de seu irmão mais velho, estudante de Direito, e o catolicismo de sua mãe que possuía muitas amizades junto ao alto clero, acaba desistindo dos estudos de Direito para entrar no seminário. Depois de algumas entrevistas com o reitor do Seminário Diocesano e com o então arcebispo de São Paulo (também conhecidos de sua mãe), acerta seu ingresso mas, antes mesmo de iniciar seu retiro espiritual, acaba também desistindo do seminário e da irmandade do Carmo. Aos dezenove anos fica tuberculoso e, aos vinte e dois anos, consegue entrar no segundo ano da Faculdade de Direito.

Trate de ser advogado, isso sim, trate-se de casar, de ser homem, de dar gente na vida (...) O que é um padre? Um castrado (...) porque há castrados que assim nasceram do ventre de sua mãe; há castrados que foram castrados pelos homens;

> mas há castrados (...) que a si mesmos se castram por amor a mim. Quem pode ser capaz disso, seja (PAULO SETÚBAL, *Confiteor*, pp. 134/5).
>
> No entanto, eis uma bem dura verdade, todos temos fundamente em nós, congenitamente em nós, eu já não digo a paixão do dinheiro, mas pelo menos o amor da riqueza. (*Idem, ibid.*, p. 209).

Enquanto no caso de Humberto de Campos, o trabalho de costura da mãe constitui a mediação que lhe permite mobilizar o capital de relações sociais (mormente, o apoio de seus tios paternos), o capital de relações de que sua mãe desfruta junto ao clero permite a Paulo Setúbal vislumbrar a via eclesiástica até que a tuberculose faça com que se volte para a carreira literária. Embora consiga livrar-se da carreira eclesiástica na expectativa de seguir, cursando a Faculdade de Direito, o modelo masculino de seu irmão mais velho, a doença o recoloca numa posição que se opõe, tal como a carreira religiosa, às posições dominantes e masculinas. Além disso, a relegação de que é vítima deriva em ampla medida do fato de que, por não ser o primogênito, não pôde contar com os trunfos que outros escritores (por exemplo, Gilberto Amado, Lima Barreto) puderam valer-se a fim de empreender uma carreira intelectual autônoma. Na verdade, Paulo Setúbal nunca conseguiu extinguir completamente as marcas que nele deixou a Igreja, nem muito menos livrar-se das demandas que o transformaram, no limite, numa espécie de letrado clerical. Depois de haver enriquecido como advogado a serviço das empresas paulistas e de haver desenvolvido toda sua produção literária através de romances históricos que não passam de uma narrativa apologética sobre os "grandes" feitos de seus ancestrais junto à oligarquia de São Paulo, da qual se orgulha de descender, proclama publicamente, às vésperas de sua morte, já acadêmico, sua volta ao catolicismo. Seu livro de memórias (*Confiteor*) foi publicado como obra póstuma com prefácio de um jesuíta (Leonel Franca) que era o líder dos intelectuais católicos.

5. O TRABALHO POLÍTICO DO PAI

A loja era o centro da vila. Ali se processava não só o comércio em grosso e a retalho, como a política. Era o foco do espírito local, onde se começou a fazer por Itaporanga o que nunca se fizera antes e de onde a política veio arrancar meu pai do comércio (..) Era na loja que se reuniam os políticos e amigos, era na loja que se passava debaixo dos meus olhos a situação do país. Foi aí que as palavras Monarquia, República, militarismo, estado de sítio, governo, oposição, encilhamento, inflação, soaram pela primeira vez aos meus ouvidos (...) A loja alargava o meu círculo de conhecimentos gerais e me fazia conhecer não só a população da vila propriamente dita como a das redondezas, dos povoados, arruados e engenhos, roças, léguas e léguas em derredor (...) A política girou em torno do teatro, chefes adversários conciliavam-se, mudavam de partido, votavam nas eleições com meu pai em troca de uma parte num drama ou comédia (...) A vila girava em torno do teatro de seu Melk (...) Loja a liquidar-se, caixeiros reduzidos a um, tive de ir vender nas feiras, nos engenhos, montado em cangalha, no meio de caçuás cheios de mercadoria (GILBERTO AMADO, *História da minha infância*, 1.º v. das Memórias, pp. 151, 157, 159, 194, 195).

A loja desenvolvera-se a tal ponto que em Aracaju não havia maior. (...) A casa tinha várias portas, à direita da loja, propriamente dita, fazendas e armarinho, e à esquerda o armazém de secos e molhados, charque, bacalhau, conservas, querosene, manteiga etc. (...) Nossa casa era um 'hotel' como se proclamava no Estado. Raro o dia em que o número de pessoas hospedadas para dormir e à mesa não excedia os de casa, contando-se meninos e criados. O número destes teve que ser multiplicado. Quem passava para Aracaju ou de Aracaju arranchava-se conosco (...) Gente de Aracaju, da Bahia e do sertão, e até por último, na derradeira fase, gente do Rio, caixeiros-viajantes, comissários de açúcar (...) A maior hospedagem de meu pai a esse tempo custou-lhe tanto (...) Foi a de general Savaget e toda a oficialidade da expedição de Canudos (*Idem, ibid.*, pp. 150, 152, 153).

Gilberto de Lima Azevedo Souza Ferreira Amado de Faria era filho de um grande comerciante numa cidade do interior do Estado de Sergipe, que havia enriquecido como intermediário na comercialização da cana-de-açúcar. Envolvido nas lutas políticas regionais, seu pai tornou-se a "pessoa mais importante" da cidade, da qual chegou a ser prefeito. Gilberto, o primogênito de quatorze filhos, depois de ter sido aluno interno em um colégio da capital do Estado, matricula-se com idade falsa no curso de Farmácia da Faculdade de Medicina da Bahia, num momento em que seu pai entra em falência, sendo obrigado a aceitar um lugar de empreiteiro nas obras de uma estrada de ferro. Filho mais velho e depositário das expectativas de seu pai, só "escolhe" o curso de Farmácia (era o curso superior de menor duração e que ocupava a posição mais baixa na hierarquia das carreiras superiores na época) porque a falência econômica de seu pai coincide com a perda temporária de seus apoios políticos. Tendo concluído seus estudos de Farmácia aos quatorze anos, Gilberto planeja retornar à Bahia para realizar o curso de Medicina que alguns de seus professores se dispunham a patrocinar. Nesse meio tempo, um amigo de seu pai torna-se governador do Estado e consegue junto ao chefe do partido local que a Assembléia Legislativa lhe conceda uma bolsa de estudos para realizar o curso de Direito em Recife. "Eu não tinha vontade nenhuma de 'subir'. Sonhava com a grande cultura, com aprender grego, latim, as altas matemáticas, a fundo (...) a responsabilidade de que ele me investia de chefe e esperança da família (...) Para ele, 'dar-lhe gosto' era, quanto a mim, ser deputado, escrever nos jornais, fazer discursos, brilhar, 'mostrar como se tem talento', fazer como os homens que ele admirava, aparecer, ocupar lugar importante"[9].

Nos casos em que a falência econômica do pai não provoca um processo completo de relegação e a família pode mobilizar a curto prazo seu capital de relações, os filhos de "parentes pobres" podem ter acesso a posições propriamente políticas criadas pela expansão das instituições administrativas e políticas. Tal reconversão torna-se uma possibilidade objetiva porque conta com a garantia do trabalho político do pai a serviço dos interesses de sua classe de origem. Todavia, a exemplo dos casos em que a sobrevivência dos "parentes pobres" depende das diferentes formas do trabalho feminino, parece impossível o retorno à posição oligárquica dominante.

Se as "escolhas' de Gilberto — Farmácia, Medicina, Direito — correspondem às variações do prestígio de seu

9. GILBERTO AMADO, *Minha formação no Recife*, ed. cit., pp. 184/185.

pai junto à oligarquia, ou melhor, do prestígio e do poder de que desfruta a facção oligárquica a que pertence seu pai, a passagem pela Faculdade de Direito determina uma mudança importante no sentido de sua trajetória. Aliás, sua trajetória será mais elevada que a de todos seus irmãos, cujas carreiras vão depender em larga medida da amortização dos investimentos de que Gilberto se beneficiou. Aos vinte anos, obtém um lugar num jornal de Recife que defendia os interesses políticos da facção política de seu pai; escreve crônicas políticas diretamente inspiradas pelo chefe do partido, notas de leitura e elogios a respeito das grandes figuras literárias e políticas do Rio de Janeiro; assume a seção de crítica teatral. Após a queda do grupo político que o protegia, o pai foge com a família para a Bahia e, Gilberto, que tinha então vinte e três anos, vai para o Rio de Janeiro. Consegue aí um cargo no serviço público de estatística e, no ano seguinte, é nomeado para a cadeira de Direito Comercial da Faculdade de Recife; passa a responder por uma seção no jornal da facção dominante no plano federal (*O País*), escreve os editoriais políticos em um outro jornal importante do Rio e passa a colaborar para um jornal paulista. Com vinte e sete anos, faz sua primeira viagem à Europa, em missão oficial designado pelo Ministro das Relações Exteriores que assim quis recompensá-lo pelos elogios a seu respeito que Gilberto publicara em *O País*. Dois anos mais tarde, é eleito deputado por Pernambuco com o apoio de Pinheiro Machado. Com a morte de Pinheiro, não consegue reeleger-se, mas logo depois é novamente indicado para deputado e, em 1924, elege-se senador. Enquanto os escritores cujo capital de relações sociais depende do trabalho feminino não conseguem enxergar nenhuma carreira propriamente política (como, por exemplo, a possibilidade de ser cooptado numa chapa de candidatos a deputado), os filhos dos "parentes pobres", cujo capital de relações sociais recebe a garantia do trabalho político do pai, não conseguem de início vislumbrar as carreiras simbólicas, como por exemplo o clero. Em outras palavras, no curso da série extensa de eventos e práticas através dos quais eles se apropriam do *habitus* de sua classe de origem, os filhos dos "parentes pobres" incorporam também os estereótipos e a definição do espaço social, vale dizer, aprendem a reconhecer o que é um trabalho ou uma carreira de "homem" (as posições dirigentes que se vinculam à grande propriedade, ou seja, os proprietários, os comerciantes, os engenheiros, os advogados, os quais se incumbem do trabalho de valorizar os produtos das atividades econômicas dominantes) e distingui-lo de um trabalho ou de uma carreira de relegação (as posições dominadas que se associam à dissimulação das relações de força, como por exemplo os letrados, os militares, os padres, os quais se incumbem do trabalho de eufemização da dominação) em que o acesso está reservado àqueles cuja trajetória se realiza por intermédio das mulheres e de seus trabalho.

Originário de uma antiga família de grandes proprietários de terras, José Maria Bello, o primogênito de dez filhos, consegue entrar na Faculdade de Direito, obtém um cargo público na Biblioteca Nacional, além de vários outros cargos, até tornar-se alto funcionário da Câmara dos Deputados; por último, inicia uma carreira política (de início, como deputado e, depois, como senador e governador de seu Estado às vésperas da Revolução de 1930), a despeito da falência econômica de seu pai e da maioria de seus tios paternos. Sua carreira política se deve ao apoio político que lhe prestou seu primo e chefe Estácio Coimbra, cujo pai havia comprado a propriedade de seu pai. A ascensão política de José Maria Bello dependerá inteiramente, nos bons e maus momentos, do destino político de seu primo. Embora a modalidade inicial de inserção nos quadros dirigentes seja a atividade jornalística e/ou um cargo público, a carreira dominante, para a qual convergem as esperanças dos escritores, continua sendo o ingresso nos quadros políticos que assumem a representação da oligarquia na Câmara e no Senado, ou então, mais raramente, um mandato de Ministro. Tal fato não impede, todavia, que inúmeros escritores, mormente aqueles que não dispõem dos trunfos sociais e políticos exigidos para a carreira política, tendam a transmutar o fracasso político em vocação irresistível para ser letrado, professor ou jornalista. De outro lado, a Câmara e o Senado, nas condições da divisão do trabalho de dominação da época ao invés de interromperem uma trajetória intelectual, constituíam instâncias importantes de produção ideológica no campo intelectual. Apesar de tudo isso, ao menos nos casos de José Maria Bello e Gilberto Amado, o período de "presença na política', segundo a expressão do próprio Gilberto Amado, corresponde à fase em que a produção intelectual é mais esparsa (tomando-se quaisquer indicadores de produção), ao passo que a fase de declínio político — "depois da política" segundo a expressão do mesmo Gilberto Amado — mobiliza as disposições exigidas para o trabalho intelectual em bases regulares, fazendo-se acompanhar em geral pela retomada da carreira no magistério e/ou no jornalismo profissional e militante. Os cinco volumes das memórias de Gilberto Amado — seu maior investimento propriamente intelectual — são bem posteriores ao período de seu apogeu político, assim como boa parte da produção historiográfica de José Maria Bello aparece após seu declínio político.

6. IMPRENSA E POLÍGRAFOS

O êxito relativo das estratégias de reconversão dos filhos de "parentes pobres" que se encaminharam para as carreiras intelectuais se deve ao fato de terem coincidido com o desenvolvimento das burocracias intelectuais: a grande imprensa, os aparelhos políticos (assembléias locais e nacionais), os aparelhos partidários (os partidos republicanos). A possibilidade de ocuparem estas novas posições dependeu, não dos títulos e diplomas que por acaso tivessem, mas muito mais do capital de relações sociais que conseguiram mobilizar. Na ausência de uma definição estrita da atividade intelectual enquanto tal, bem como das "vias" que a ela conduzam, a posição em falso em relação à oligarquia constituiu certamente o trunfo mais seguro para que pudessem se inserir nesse mercado em expansão. O sentido de sua trajetória profissional depende basicamente dos apoios oligárquicos que conseguem mobilizar no começo da carreira e que determinam, entre outras coisas, o tipo de posto ou de cargo ocupado no início da carreira, sua posição na hierarquia interna dos cargos, as condições materiais que um dado cargo assegura (e das quais vão depender, por sua vez, a escolha de um determinado gênero literário e, sobretudo, o valor relativo de sua produção). Em outros termos, os lucros materiais e simbólicos serão distintos para um escritor que começou sua carreira como pequeno funcionário ou como vendedor (respectivamente, Hermes Fontes e Humberto de Campos) comparados aos de um escritor cuja carreira se inicia por um cargo de alto funcionário ou por uma carreira parlamentar (casos de José Maria Bello e Gilberto Amado).

Na verdade, os escritores em questão não podem seguir nenhum dos modelos disponíveis da excelência: nem o modelo dos grandes "mandarins" dos fins do Império, mistura de grão-senhor da burocracia, de diplomata e de homem mundano[10], nem o dos altos dirigentes políticos da oligarquia, bacharéis que devem todo seu prestígio e sua autoridade aos cargos de governadores dos Estados mais importantes e de presidente da Nação[11], e muito

10. Basta lembrar a figura típico-ideal de Joaquim Nabuco, cujo máximo empreendimento intelectual consistiu em escrever a biografia "pública" de seu pai — *Um estadista do Império, Nabuco de Araújo, sua vida, suas opiniões, sua época* — prosseguindo pelo relato exemplar de seu adestramento para vir a ser o político letrado de sua classe — *Minha Formação*. O traço mais específico de sua aprendizagem estava no fato de nunca poder distinguir ou isolar o trabalho político do trabalho intelectual, na época definidos socialmente como indissociáveis.

11. Tomemos o exemplo-limite de Rodrigues Alves, convertido pela historiografia apologética numa espécie de Luís da Baviera nativo, cercado de homens ilustres.

menos o modelo dos porta-vozes políticos das oligarquias dos Estados menos importantes, espécie de "coronéis" treinados nos meios cosmopolitas da capital e fiadores autorizados do pacto de força entre as facções oligárquicas.[12] O grupo dos "anatolianos" não se enquadra em quaisquer das categorias existentes na época, pois constituem o produto de uma primeira forma de diversificação de papéis no âmbito do trabalho de dominação. Os integrantes desse grupo prefiguram um tipo novo de intelectual profissional, assalariado ou pequeno produtor independente, vivendo dos rendimentos que lhes propiciam as diversas modalidades de sua produção, desde a assessoria jurídica, as conferências, passando pelas colaborações na imprensa, até a participação nos acontecimentos mundanos e nas campanhas de mobilização em favor do serviço militar, da alfabetização, do ensino primário, etc.[13].

12. Por exemplo, as figuras de Rosa e Silva e Pinheiro Machado.
13. Outras figuras da geração de Nabuco como que antecipam o tipo social do anatoliano da República Velha, como por exemplo Rui Barbosa e Olavo Bilac. Sendo produtos das crises de hegemonia por que passa o pacto oligárquico — Campanha Civilista, Reação Republicana, etc. — momentos em que a legitimidade do aparato institucional parece prestes a romper-se, introduzem um novo tipo de discurso capaz de mobilizar segmentos da oligarquia — a "mocidade acadêmica", por exemplo — em torno de ideais e campanhas que visam reavivar a significação "nacional" da dominação oligárquica, as campanhas pelo serviço militar obrigatório, pela "renovação escolar", etc. Não é por acaso que Rui Barbosa teve direito às honras de chefe de

No início do século, o jornalismo tornara-se um ofício compatível com o *status* de escritor. O *Jornal do Comércio* pagava trinta, cinqüenta e até sessenta mil-réis pela colaboração literária, o mesmo fazia o *Correio da Manhã;* em 1907, Bilac e Medeiros e Albuquerque recebiam salários mensais "decentes" pelas crônicas que publicavam, respectivamente, na *Gazeta de Notícias* e em *O País*. O que fora para alguns escritores românticos (por exemplo, Alencar e Macedo) uma atividade e uma prática "tolerada", tornando-se depois para certos elementos da geração de 1870 (por exemplo, Machado de Assis) uma atividade regular que lhes propiciava uma renda suplementar cada vez mais indispensável, torna-se a atividade central do grupo dos "anatolianos". De fato, o aparecimento de diversos jornais na capital e na província, as inovações técnicas que transformavam os métodos de impressão, o crescimento das tiragens, a rapidez da distribuição, o surgimento de uma nova categoria de jornalistas profissionais — sobretudo, os caricaturistas e ilustradores —, a introdução de novas fórmulas no tratamento da informação e de novas seções de "entretenimento", ilustram um processo de expansão que convertera o jornal em grande empresa industrial, cuja sobrevi-

---

Estado por ocasião de sua morte, pois ele de fato representou o papel de chefe moral da oligarquia, prestando-lhe serviços de monta no que diz respeito à restauração de sua unidade intelectual e ética.

vência dependia da mobilização de novas estratégias comerciais.

O controle dos jornais constituía um dos principais móveis da luta em que estavam envolvidas as diversas facções oligárquicas. Um jornal era forçosamente o porta-voz de grupos oligárquicos, seja daqueles que estavam no poder (a "situação"), seja daqueles que estavam momentaneamente excluídos do poder. Tal vínculo aparece de modo explícito nos inúmeros relatos que mostram presidentes da República envolvidos em manobras visando submeter a imprensa aos interesses políticos da facção a que pertenciam: negociatas para a aquisição de jornais, utilização de "testas-de-ferro", concessão de subvenções especiais, favores e prebendas de toda ordem que eram concedidos aos polígrafos mais apreciados pelo público, etc. Este trabalho de celebração das oligarquias se materializa através de toda uma série de rubricas, comentários políticos, notas apologéticas e biográficas sobre as grandes figuras da oligarquia, "artigos de fundo", "tópicos", "ecos", e sobretudo, os editoriais. O posto de editorialista era muito cobiçado e, para inúmeros escritores, constituiu a ponte para iniciar uma carreira política[14]. Os escri-

---

14. Como diz N. W. SODRÉ, "a pequena imprensa exemplificada na *Cidade do Rio*, sem estrutura de empresa, exigia a compra da opinião do indivíduo em que o jornal se resumia; a empresa jornalística que é *O País* demanda um passo à frente: é preciso comprar o próprio jornal e de forma estável, institucional por assim dizer. Patrocínio recebia dinheiro; Laje recebe ne-

tores engajados nessas tarefas viam-se obrigados a se identificar com os interesses políticos do jornal para o qual trabalhavam; o êxito que alcançavam por meio de sua pena poderia lhes trazer salários melhores, sinecuras burocráticas e favores diversos.

Afora o trabalho de celebração política, os escritores tinham que realizar as mais diversas tarefas, como, por exemplo, a elaboração de textos para publicidade que assinavam à maneira do que hoje fazem uma agência de propaganda ou um costureiro. Por exemplo, uma quadrinha de Bilac para a promoção de uma marca de fósforos lhe rendeu cem mil-réis; os versos de Emilio de Menezes para uma fábrica de cerveja, os sonetos de Hermes Fontes exaltando as virtudes de um xarope, etc. Um outro letrado abriu "o primeiro escritório especializado em anúncios, servindo confeitarias, magazines de modas, sabonetes, cigarros, restaurantes"[15], redigia almanaques para os fabricantes de produtos farmacêuticos e bolava *slogans*.

Por volta de 1910, a situação desses escritores se encontra definida nos seguintes termos:

---

gócios que proporcionam dinheiro, — negócios do Estado", em *História da imprensa no Brasil,* Rio de Janeiro, Civilização Brasileira, p. 318, obra que contém uma descrição circunstanciada a respeito da expansão da imprensa na República Velha e de onde extraímos a maior parte dos indicadores a esse respeito aqui utilizados.

15. IDEM, *ibid.*, p. 322.

"(...) a tendência ao declínio do folhetim, substituído pelo colunismo e, pouco a pouco, pela reportagem; a tendência para a entrevista, substituindo o simples artigo político; (...) o aparecimento de temas antes tratados como secundários, avultando agora, e ocupando espaço cada vez maior, os policiais com destaque, mas também os esportivos e até os mundanos. Aos homens de letras, a imprensa impõe, agora, que escrevam menos colaborações assinadas sobre assuntos de interesse restrito do que o esforço para se colocarem em condições de redigir objetivamente reportagens, entrevistas, notícias (...) As colaborações literárias, aliás, começam a ser separadas, na paginação dos jornais: constituem matéria à parte, pois o jornal não pretende mais ser, todo ele, literário. Aparecem seções de crítica em rodapé, e o esboço do que mais tarde serão os suplementos literários. Divisão da matéria, sem dúvida, mas intimamente ligada à (...) divisão do trabalho, que começa a impor suas inexoráveis normas"[16].

Ao mesmo tempo que se desenvolve a imprensa operária de orientação "anarquista" onde trabalham de modo regular os intelectuais mais distantes das vias de consagração dominantes, como por exemplo Lima Barreto, verifica-se o surgimento das revistas ilustradas onde os "anatolianos" trabalham de maneira bem mais regular do que nos jornais. Essas revistas resultam de uma

16. IDEM, *ibid.*, p. 340.

dosagem entre as crônicas mundanas, as seções de humor, a crítica literária, a promoção de figurões da política e das letras, a publicação de contos, versos e romances de aventuras, as variedades, a crítica teatral, a crítica de arte, a coluna de modas, entrevistas, reportagens, inquéritos, uma pitada de estudos e ensaios sociais; a receita de base consiste em misturar o mundanismo com todos os tipos de fórmulas literárias. Recorre-se à fotografia bem como às demais técnicas de ilustração, a litografia e a xilogravura, empregam-se amplamente as "charges" e as caricaturas, multiplicando-se com isso as ilustrações coloridas. A maioria dessas revistas — a *Revista da Semana, Kosmos, A Rua do Ouvidor, Fon-Fon, Careta,* etc. — visam atingir um público essencialmente feminino.

Para se compreender em que consistiu a produção típica de um polígrafo, é preciso saber que tal produção responde a demandas precisas, a encomendas que lhe fazem as instâncias dominantes da produção cultural. A expansão da imprensa modifica a relação que os produtores mantêm com suas obras, uma vez que ela expropria os produtores do monopólio que detinham sobre seus instrumentos de produção e, ao mesmo tempo, modifica a própria estrutura das instâncias de consagração e o volume e as espécies de lucros daí derivados. O êxito e a consagração não são mais concedidos às obras "raras" de um produtor individual, mas sim aos grupos de produtores associados em empreendimentos intelectuais coletivos (jornais, etc.) que tendem a se tornar ao mesmo tempo as principais instâncias de consagração. Ao consagrarem os escritores que lhes são dedicados, estas instâncias se autoconsagram, vale dizer, tendem a impor o primado da instância sobre o produtor. No interior desta nova hierarquia de legitimidades, os "grandes" cronistas — Paulo Barreto, Humberto de Campos, Medeiros e Albuquerque, etc. — tomam o lugar dos "grandes" críticos literários da geração anterior e assumem o encargo de selecionar e consagrar os novos pretendentes.

O protótipo do *anatoliano* é aquele para cujo êxito têm o mesmo peso a figura do "dândi", manequim intelectualizado responsável pela importação simbólica em país periférico, e uma obra poética que registra "estados d'alma", ambos os planos marcados pela contrafacção dos modelos parisienses. A tal ponto encontram-se fundidos "criador" e obra que o sucesso e a rentabilidade da segunda será tanto maior quanto mais consumado o mundanismo do primeiro: "Em pleno esplendor dos quarenta anos, com tudo daquela mocidade concreta de todos os seus atrativos (...) a explicar instantaneamente a crônica das suas vitórias femininas, toda aquela irresistível fascinação que se desprendia de sua presença, na perfeita ambivalência de gestos e de versos"[17]. Na verdade, a figura de Olegário Mariano, a que se refere

17. HERMAN LIMA, *Poeira do tempo/Memórias*, Rio de Janeiro, Ed. José Olympio, 1967, p. 236.

a citação acima, encarna o tipo-ideal do polígrafo anatoliano: cronista, poeta, declamador, letrista, escritor de revistas de *music-hall,* eminência parda na concessão dos prêmios de viagens do Salão de Artes Plásticas, astro dos salões mundanos, conferencista, acadêmico, dramaturgo, afora o rendoso emprego na administração da Ilha das Cobras, que perdeu com a Revolução de 1930, a sinecura de inspetor escolar, assíduo colaborador das revistas ilustradas, e colunista social do *Correio da Manhã*[18].

18. Além do perfil de Olegário Mariano constante de suas memórias, pode-se consultar também o depoimento que prestou a respeito de seu pai no inquérito realizado por FRANCISCO DE ASSIS BARBOSA, *Retratos de Família,* 2. ed. Rio de Janeiro, José Olympio, 1968, pp. 49/57.

7. DUPLA DEPENDÊNCIA E POSIÇÃO INTERNA

Eu queria conhecer os segredos da Natureza e arrancar aos filósofos as verdades colhidas por eles no estudo e na meditação. Li, para começar, Luiz Figuier, n'*O Homem Primitivo*. Peregrinei com Eliseu Reclus, tomando conhecimento das particularidades geográficas das cinco partes do mundo. Oito ou dez volumes da *Biblioteca das Maravilhas* deram-me o gosto da ciência. Atravessei o continente africano com Capello e Ivens (...) entrei em contacto com Samuel Smiles (...) os seus livros, ricos de exemplos, coloridos com a vida de homens eminentes que haviam, pelo próprio esforço e pela tenacidade, subido do anonimato mais escuro aos esplendores da glória mais límpida, constituíram o maior incentivo do meu espírito e da minha vontade. Ao ler a história daqueles inventores, daqueles poetas, daqueles homens de Estado que haviam marchado para a notoriedade (...) *O Dever, O Poder da Vontade, O Caráter, Ajuda-te, A Vida e o Trabalho,* tornaram-se a minha Bíblia (...) uma coleção de capa vermelha, em que figuravam Nordau, Luiz Buchner, Spencer, Haeckel, e alguns outros ingleses e alemães. E eu me atirei a eles (...) O evolucionismo que doutrinavam, deu-me a consciência de um lugar definido no Universo[19].

Quase todo rapaz do meu tempo em Pernambuco era agnóstico, darwinista, spencerista, monista. Quando apareceu no primeiro ano um MacDowell do Pará, que tinha passado pelos colégios de Paris, demonstrando a existência de Deus pelas belezas da criação, canto de pássaros, etc., provocou riso, foi ridiculari-

---

19. HUMBERTO DE CAMPOS, *Memórias inacabadas,* ed. cit., p. 156/158.

zado. Havia, porém, uma minoria que (...) que refugava o fenomenismo, o mecanicismo, e afirmava-se espiritualista, teleologista (...) Para simplificar, todo o mundo era positivista, isto é, darwinista, monista, fenomenista, evolucionista, mas ninguém propriamente prosélito de Augusto Comte. Nenhum dos meus contemporâneos queria ser positivista de Igreja, nenhum queria adorar o Grande Ser e Clotilde de Vaux (...) Não sei até que ponto a minha relutância em enfileirar-me entre os adeptos do puro individualismo liberal britânico, troado tão belamente na boca dos mais brilhantes oradores do Brasil, não se origina dessa primeira pancada recebida, na minha cabeça de menino, dos conceitos e demonstrações de Augusto Comte.

(...) Depois a experiência me mostrou que como toda boa filosofia, ela era obra política, criada por grandes espíritos para servir a sua própria comunidade (...) Karl Marx ensinou-me os princípios do materialismo histórico, a importância do econômico na gênese dos fatos sociais, mas não me tornou marxista (...) Guyau, Fouillée, Ribot, Gobineau, Topinard, Romanes, Bouglé, Boutroux, Le Bon, Serggi, Espinas e... Durkheim, a quem tornei anos depois, com freqüência (...) em Nietzsche jamais me entusiasmei pela hipótese do Super-Homem, pela "Eterna Volta", pelo anticristianismo (...) [20].

Dominados no campo das relações de força internas em virtude da posição em falso que ocupam perante a oligarquia, os letrados "anatolianos" também pertencem a um campo dominado do ponto de vista da posição que ocupam no sistema das relações intelectuais internacionais. Por serem obrigados a importar sistemas de pensamento capazes de legitimar sua posição interna, encontram-se por esta razão numa situação de dupla dependência. A melhor maneira de captar as "servidões"

20. GILBERTO AMADO, *História da minha infância*, pp. 60/63, 127, 132, 152.

inerentes a essa situação consiste em comparar as leituras de Humberto de Campos com as de Gilberto Amado. Enquanto Humberto, cuja carreira não se escorava num investimento escolar legítimo, pois não contava com nenhum diploma superior, teve que se apropriar da cultura metropolitana (sobretudo européia) por meio dos almanaques, dos manuais de viver, dos relatos de viagem, dos romances de aventuras, das biografias edificantes, da história em sua forma literária ou épica, da "etnografia" à Kipling, o modo de aquisição de Gilberto Amado passa pela retradução efetuada pela economia, pela filosofia e pela sociologia européias, tarefa de que se incumbiam na época as faculdades de Direito. Em conseqüência, cada escritor ocupa uma posição diferente com relação à produção intelectual importada, sempre dominante, segundo a posição que ocupa no campo de produção interno.

Todavia, o grau de dependência permanece intimamente ligado à posição do conjunto dos intelectuais no âmbito da divisão do trabalho de dominação em cada estágio do campo. Para a geração de 1870, o trabalho intelectual era indissociável do trabalho político, a que se juntava a atração pelo modelo político inglês, pelo romance inglês, etc. Esta "anglomania", forma particular de dependência, encontra sua explicação na posição relativamente autônoma que os escritores dessa geração ocupavam no campo do poder, onde eram ao mesmo tempo intelectuais e homens políticos. No caso dos "anatolianos", a marca da literatura francesa, em especial de seus expoentes mais mundanos, bem como a importação de novos gêneros afrancesados, o efeito de fascinação que Paris provocava, tudo isso era o produto da inversão simbólica de sua posição objetiva: assalariados da grande imprensa não dispõem mais das condições necessárias à elaboração de uma obra "pessoal" que seja a "criação" única de um produtor individual; de outro lado, o próprio estado do campo não lhes permite liberarem-se das determinações políticas mais aparentes e mais brutais. Não podendo ajustar-se inteiramente a quaisquer dos modelos de excelência intelectual, permanecem a meio caminho entre os modelos fornecidos pela geração de 1870 e os modelos oferecidos pela vanguarda européia da época, aos quais acabam por renunciar, pois não dispõem do capital cultural necessário, a fim de proceder à sua importação.

Anatole France representa o modelo intelectual ao qual se referem de modo mais insistente tais letrados — e, num outro registro, também Jules Laforgue, uruguaio que se tornou um poeta simbolista famoso em Paris. Os "anatolianos" ficarão sempre dependentes, tanto em suas práticas profissionais, como em todas as suas tomadas de posição estéticas e políticas do "atraso" em que implica tal "escolha", se a compararmos à "escolha" que os modernistas farão alguns anos mais tarde, qual seja, a de se tornarem os importadores do programa estético, ético e político das vanguardas européias[21].

Quando se pretende analisar os mecanismos de importação dos bens simbólicos, a teoria da dependência deve se empenhar em desvendar as funções internas de legitimação que a importação de "idéias" e de "escolas" cumpre em favor dos intelectuais que a exercem. Não é por acaso que os intelectuais ocupando uma posição dominante no campo de produção interno tenham tentado sempre pelo menos, desde as grandes figuras da geração de 1870 — transmitir a imagem de uma *intelligentzia* nacional unificada, cuja missão mais urgente seria enfrentar os grandes demônios externos que podem tomar os nomes mais diversos, como por exemplo "o imperialismo", "as corporações multinacionais", "o capitalismo", etc. Sem minimizar o alcance dessas determinações e dos conceitos com que se costuma nomeá-las, convém lembrar que a invocação encantatória da "ameaça" externa dissimula fre-

21. Embora tenham sido os responsáveis pela importação das vanguardas européias depois da Primeira Guerra — o Surrealismo, o Futurismo, etc. — tal fato por si só não dá conta da vitória política com que consolidaram sua posição no campo intelectual. A nova hierarquia de legitimidades que acabaram por fazer prevalecer teve, de início, o respaldo do trabalho político-ideológico que desenvolveram em favor da burguesia paulista e, em seguida, por força de seu envolvimento nos aparelhos do Estado durante o período Vargas. Não fosse tal papel político, o "destino" social e intelectual dos modernistas poderia ter sido semelhante ao dos simbolistas brasileiros, relegados no campo intelectual a despeito da importação de um novo paradigma poético.

qüentemente as próprias lutas internas e, com isso, preserva-se a posição dos intelectuais dominantes, justamente os mais interessados em negar a existência de um campo intelectual no qual os ocupantes das diversas posições estão em luta pela apropriação das espécies de capital disponíveis.

8. GALOMANIA

Pelo que posso recordar, era geral a paixão pela França e pelas coisas francesas (...) A Prússia era um motivo de ódios, e malditos os manes de Bismarck e Crispi (...) Lembro-me dos meus primeiros entusiasmos pela Revolução Francesa e pela epopéia napoleônica, e da emoção provocada pelos contos de Afonso Daudet sobre a guerra de 1870 (...) Realizara algumas grandes aspirações: um terno de fraque e outro de smoking, roupa branca na Casa Raunier ou na Madame Coulon, tudo de procedência francesa (...) Freqüentava nas torrinhas do Teatro Lírico as grandes companhias francesas, de Sarah Bernhardt, Réjane, Brulé, etc. Adquirira alguns livros preciosos: o *Père Goriot* e *Eugénie Grandet, Madame Bovary* e *L'éducation sentimentale, Le rouge et le noir* e *La chartreuse de Parme,* e maior proeza: *Les origines de la France Contemporaine,* de Taine, quatorze volumes encadernados, *tranche dorée,* cujo preço (...) cinqüenta e oito mil-réis (...) a França, a nossa pátria espiritual, a mestra do mundo (...) Que seria da civilização ocidental sem os dois grandes focos que a iluminavam? (...) As nossas melhores esperanças voltavam-se para os Estados Unidos (...) Em literatura, ainda não se abalara o culto do realismo, do naturalismo e do parnasianismo (...) Anatole France, que pouco depois tanto me inebriaria, era a grande revelação literária da época (JOSÉ MARIA BELLO, *op. cit.*)

A minha educação sentimental partiu toda do século XIX, daquele fim do século XIX, com naturalismo, parnasianismo, simbolismo, e ainda romântico (...) A geração do *Fon-Fon* era tida por simbolista (...) Cada um dos iniciadores e dos incorporados, sem nenhuma combinação, adorava o Outono, o Poente, o Incenso, Polaire, Napierkowska, Monna Delza, os *Pierrots* de Willette, a *Boêmia* de Puccini, os *Noturnos* de Chopin, Bruges com todos os canais, Paris com todas as canções... Geração estrangeira. Estávamos exilados no Brasil. Achávamos tudo ruim aqui. Vivíamos de cor (...) A geração da guerra antes da guerra (...) E a ansiedade de ir embora (...) Em 1913, saciei uns desejos românticos: ir à Europa, ver Bruges, morar em Paris. Sendo eu absolutamente do "outro tempo", nunca mais voltei dessa viagem (...) Foi Anatole France, com oitenta anos, que deixou a excelente lição: "Faço o possível para evitar na vida tudo que me parece feio..." Amou a vida, e nos mostrou que a vida é bela (...) Jules Laforgue partiu da terra um ano e três meses antes de eu chegar debaixo do mesmo céu (...) Porque nasci em Porto Alegre, e ele nasceu em Montevidéu, sempre pensei que fez isso de propósito (...) Foi na Europa que nasceu a minha mocidade. Fiz vinte e cinco anos em Paris (...) Ninguém embarcava para os Estados Unidos. Sentia-se o gosto de viver (ALVARO MOREYRA, *As amargas, não/lembranças*).

COLEÇÃO ELOS

1. *Estrutura e Problemas da Obra Literária*, Anatol Rosenfeld.
2. *O Prazer do Texto*, Roland Barthes.
3. *Mistificações Literárias: "Os Protocolos dos Sábios de Sião"*, Anatol Rosenfeld.
4. *Poder, Sexo e Letras na República Velha*, Sergio Miceli.
5. *Do Grotesco e do Sublime (Tradução do "Prefácio" de Cromwell)*, Victor Hugo.
6. *Ruptura dos Gêneros na Literatura Latino-Americana*, Haroldo de Campos.

Impresso nas oficinas de
VANER BICEGO-Gráfica São Jorge
Rua 21 de abril, 1154 — conj. C
(C.G.C. 62.099.650/0003-55)
BRÁS — C.E.P. 03047
São Paulo — S.P.